Le couple franco-allemand et le Royaume-Uni

Une histoire d'Europe(s)

Questionner l'Europe

Collection dirigée par Bruno Péquignot

Les questions européennes sont aujourd'hui au centre de la vie sociale, économique culturelle et politique en France comme dans l'ensemble des pays qui participent à l'Union européenne ou non. Cette collection accueille des ouvrages qui contribuent et participent aux débats et controverses sur ces questions.

Déjà parus

François DUPONT, *Réponse citoyenne au Livre blanc sur l'avenir de l'Europe, Essai politique,* 2018.

Patrick Monod-Gayraud, *Ni Dieu ni l'Amérique ne sauveront la Pologne*, 2017.

David DUARTE, *Le récit de l'Europe. Pour un imaginaire politique européen*, 2017.

Jean-Daniel BOYER et Maurice CARREZ, *Marchés, réseaux commerciaux et construction de l'Europe*, 2016.

Patrice VIVANCOS, *L'Europe à contre-pied, 28 villes, 28 pays, 28 thèmes*, 2016.

Hugues RABAULT (Dir.), *L'ordolibéralisme, aux origines de l'Ecole de Fribourg-en-Brisgau*, 2016.

Richard SITBON, *La France, peuple élu de l'Europe ?*, 2016.

Katja BANIK, *Les relations Chine-Europe : à la croisée des chemins*, 2016.

Arno MÜNSTER, *La réprobation de l'Allemagne ou les vraies raisons du nouveau ressentiment anti-allemand*, 2016.

Yves ACHILLE, *L'Europe dans l'impasse*, 2015.

Mathieu PETITHOMME, *Dépolitiser l'Europe, Comment les partis dominants évitent le conflit sur l'intégration européenne*, 2015.

Marie-Claude MAUREL, Pascal CHEVALIER, Guillaume LACQUEMENT (coord.), *Transfert et apprentissage du modèle* Leader *en Europe centrale*, 2014.

Laurent Chikhoun

Le couple franco-allemand et le Royaume-Uni

Une histoire d'Europe(s)

© L'HARMATTAN, 2018

5-7, rue de l'École-Polytechnique, 75005 Paris
http://www.editions-harmattan.fr
ISBN : 978-2-343-15100-7
EAN : 9782343151007

Remerciements à l'Office des publications de l'Union européenne, au Ministère de l'Europe et des Affaires Étrangères, au Centre Virtuel de la Connaissance sur l'Europe, à la Margaret Thatcher Foundation, ainsi qu'à la Fondation Res Publica.

Merci également à Niels Bo Bojensen du *Jyllands-Posten*, à Plantu du *Monde*, à Tom Janssen du *Trouw*, à Fix Chenevat, et au service éditorial du magazine politique hebdomadaire *The Spectator*.

Avant-propos

Le 29 mars 2017, Theresa May, Premier ministre britannique, vient de déclencher l'article 50 du traité de Lisbonne. Neuf mois après la décision par référendum du peuple britannique de voter pour le Brexit, et surtout après la démission de David Cameron, c'est à elle maintenant que revient la lourde charge de mener à bien la procédure de sortie. Après une période de flottement, notamment marquée par une incertitude à Londres sur la stratégie à adopter entre un *soft Brexit* – ou « Brexit en douceur », signifiant une entente avec Bruxelles pour rester dans le Marché commun contre des concessions sur la libre circulation des travailleurs – et *hard Brexit* – ou « Brexit dur », avec une négociation *a minima* avec les vingt-sept États membres, une sortie du Marché commun et la reprise du contrôle des flux –, les choses concrètes commencent.

Comme dans toutes les histoires de mariage, 43 ans de vie commune ne se soldent pas d'un trait, et les termes du divorce doivent encore être finalisés. Maintenant que la procédure est enclenchée, la bataille promet d'être particulièrement âpre. Outre l'après-Brexit au Royaume-Uni, qui suscite de nombreuses interrogations, celui au sein de l'Union européenne en suscite tout autant. L'Europe est à un tournant de son histoire, et les déclarations d'Angela Merkel et de François Hollande au lendemain du 23 juin 2016 sont le signe d'une grave prise de conscience. Pour le couple franco-allemand, il faut que l'UE montre sa capacité à rebondir et redevienne une communauté forte. Une entreprise qu'entend poursuivre l'européiste passionné Emmanuel Macron aux côtés de la chancelière allemande, dans l'attente des élections fédérales en septembre 2017.

Comme lors de chaque séparation, on peut s'interroger sur l'échec de cette relation. Le couple était-il bien assorti ? Le naufrage était-il vraiment inéluctable ?

Le retour sur le passé montre une histoire tumultueuse, avec beaucoup d'incompréhensions, de crises, de remises en cause. Au point que l'on peut se demander si le couple a jamais été d'accord sur les fondamentaux. Car il est indéniable que dès 1973 et l'adhésion du Royaume-Uni à ce que l'on appelait alors la Communauté économique européenne (CEE), ce sont en fait deux visions de l'Europe qui se sont affrontées.

Culturellement européen, le Royaume-Uni a fait très tôt des choix qui l'ont différencié du reste du continent, ne serait-ce que celui d'une démocratie parlementaire très ancrée, qui mettra plus de temps à gagner le reste de l'Europe. Il y a aussi ce « choix du grand large », comme disait Churchill, choix de l'Empire et du Commonwealth, choix du commerce avec le reste du monde et choix d'un libéralisme économique qui n'était pas forcément partagé par l'ancien Occident. Le Royaume-Uni, à l'origine, est une puissance impériale commerciale qui s'est faite seule, qui tient debout toute seule et qui n'a besoin de personne pour exister. Un pays plus habitué à donner des ordres qu'à en recevoir. D'autant que lui, au sortir de la Seconde Guerre mondiale, fait partie des vainqueurs. Pas étonnant, dès lors, qu'il ait été le membre le plus turbulent de la famille européenne et qu'aucun n'ait été si partagé que lui-même sur la voie à suivre. Car c'est aussi une autre spécificité britannique : la construction européenne y a été très tôt un enjeu politique majeur, une ligne de fracture changeante. L'opposition à l'Europe a d'abord été principalement travailliste avant de gagner le parti conservateur. Mais, cette opposition ne respecte pas les clivages traditionnels gauche/droite, les anti- et pro-européens étant présents dans chaque camp. Dès le départ, la question de la souveraineté et le risque que la construction européenne puisse atteindre le pouvoir du Parlement britannique ont nourri certaines réticences à Londres. Cet attachement pointilleux à la souveraineté parlementaire et monétaire explique aussi le fait que, pendant plus de quatre décennies, deux visions de l'Europe aient eu autant de mal à cohabiter et que la relation ait été si agitée.

Mais malgré tout, par son attitude, le Royaume-Uni a posé « beaucoup de bonnes questions à ses partenaires », comme le rappelait si justement Pauline Schnapper en décembre 2014 lors du colloque "Le Royaume-Uni et l'Europe" organisé par la Fondation Res Publica[1]. Des questions très concrètes, pragmatiques : « [...] L'Europe a-t-elle raison de consacrer 40% de son budget à la protection de l'agriculture européenne ? Ne devrait-elle pas plutôt utiliser ses ressources limitées pour des projets d'avenir (la recherche, les universités, les technologies etc.) ? »[2] Plus fondamentalement, le Royaume-Uni pose la question de la possibilité même – et de la viabilité – « d'établir à l'échelle européenne une véritable démocratie supranationale dans laquelle les peuples européens puissent se projeter »[3]. C'est aujourd'hui plus que jamais une question « cruciale », comme en témoignent les mouvements populistes et anti-européens grandissant à travers le Vieux Continent[4]. Le Brexit, c'est peut-être le dernier aiguillon britannique à une

---

[1] Schnapper, Pauline. (2014, décembre). *Le Royaume-Uni doit-il sortir de l'Union européenne ?* Intervention lors du colloque "Le Royaume-Uni et l'Europe" organis é par la Fondation Res Publica, Paris, France. https://fondation-res-publica.org:La-relation-Royaume-Uni-Union-Européenne-etat-des-lieux_a860.html

[2] *Ibid.*

[3] *Ibid.*

[4] *Ibid.*

construction européenne à la croisée des chemins : sursaut ou déclin ?

Première partie

LA CANDIDATURE BRITANNIQUE ET SES ENJEUX

« […] Rejoindre la Communauté, travailler ensemble, avec eux, pour notre sécurité et notre prospérité commune, est la meilleure des garanties que nous pouvons nous donner pour une paix durable en Europe. »[5]

C'est par cette déclaration enthousiaste, diffusée en direct à la télévision le 1er janvier 1973, qu'Edward Heath, Premier ministre conservateur britannique, officialise l'entrée du Royaume-Uni au sein de la Communauté économique européenne. Un événement important pour le peuple anglais – il lui aura fallu plus de dix ans et trois demandes d'adhésion pour intégrer le club – mais également pour l'Europe des Six qui s'ouvre là, pour la première fois, à un élargissement. Ainsi, après deux premières tentatives rapidement avortées par le général de Gaulle, la troisième est la bonne. Terminé l'immobilisme mené par le président français et le chancelier fédéral allemand Konrad Adenauer, le nouveau couple franco-allemand que forment désormais George Pompidou et Willy Brandt a reconsidéré la question anglaise, pour le bien d'une communauté dont le développement semblait au point mort. En cette année 1972, une conception de l'Europe vient d'en chasser une autre.

[5] Heath (Edward), intervention télévisée du 1er janvier 1973, cité dans Bennett (Owen), "Referendum Revisited Part 2: Labour Begins To Fall Apart", Huffingtonpost.co.uk, 13 août 2015. [Article consulté le 28 janvier 2016], http://www.huffingtonpost.co.uk/2015/08/10/referendum-revisited-part-2-labour-begins-to-fall-apart_n_7965388.html.

De Gaulle-Pompidou, l'Europe et l'influence anglo-saxonne

L'idée d'un grand projet européen remonte au lendemain de la Seconde Guerre mondiale, en 1946. Initié par Winston Churchill lors d'un discours emblématique prononcé à l'université de Zurich, celui-ci s'était ensuite développé autour d'un axe franco-allemand dont il avait fallu assurer la « nécessaire réconciliation » :

« Le premier pas vers la création de la famille européenne doit consister à faire de la France et de l'Allemagne des partenaires [...]. On ne peut s'imaginer une renaissance de l'Europe sans une France intellectuellement grande et une Allemagne intellectuellement grande. »[6]

Quelques mois seulement après la victoire des Alliés sur l'Allemagne nazie, l'ancien Premier ministre de guerre britannique se fait l'ardent promoteur de la construction européenne. Ceci afin d'éviter ce que beaucoup redoutent, un nouveau conflit dévastateur. Une union qu'il appelle de ses vœux mais qui n'inclut pas son pays. L'expérience de la guerre a effectivement été vécue de manière très différente sur le continent et sur le sol anglais. Contrairement aux autres pays continentaux, le Royaume-Uni était resté victorieux entre 1939 et 1945 et n'avait jamais fait partie du camp des « vaincus ». Renforcé au sortir de la guerre, il peut toujours compter sur un premier cercle d'intérêt, constitué par son Empire qui couvre encore le quart du globe, et qu'il a l'intention de

[6] Churchill (Winston S.) ; Marshall (George C.), *Points de repère.* Lausanne : Centre de recherches européennes, 1973, 16 p. (Cahiers rouges), p. 7-12.

pérenniser avec le Commonwealth. Un deuxième cercle d'intérêt, tout aussi important, vient des États-Unis, pays avec lequel il partage la langue et entretient une relation dite « spéciale », renforcée par la victoire commune sur Adolf Hitler. Un troisième cercle est formé, avec une Europe qu'il convient de remettre sur pied et de consolider. Conscient non seulement de la puissance qu'il constitue à lui seul avec son « Commonwealth des nations britanniques », mais aussi, et surtout, de la nécessité d'organiser la paix sur la durée, le Royaume-Uni lance donc le projet d'union continentale, sans jamais prendre une part active dans le processus. Au moment du plan Schuman tout d'abord, premier grand épisode européen avec la création de la Communauté européenne du charbon et de l'acier (CECA) en 1950, puis lors de la création de la CEE et de la signature des traités de Rome en 1957. En plus de se montrer une nouvelle fois à l'écart, le pays faisait déjà transparaître un pessimisme certain quant à l'évolution du projet fédéral. Rappelons-nous d'ailleurs cette fameuse déclaration du délégué anglais de l'époque, Russel Bretherthon, faite lors des négociations au château de Val Duchesse :

« Monsieur le Président, Messieurs, je voulais vous remercier sincèrement de votre hospitalité et vous indiquer qu'elle va cesser à partir d'aujourd'hui. En effet, je regagne Londres. Fonctionnaire sérieux, il me gêne de perdre mon temps et de ne pas justifier le modeste argent que me verse mon gouvernement. J'ai suivi avec intérêt et sympathie vos travaux. Je dois vous dire que le futur traité dont vous parlez et que vous êtes chargés d'élaborer

a) n'a aucune chance d'être conclu ;

b) s'il est conclu, n'a aucune chance d'être ratifié ; c) s'il est ratifié, n'a aucune chance d'être appliqué.

Nota bene : S'il l'était, il serait d'ailleurs totalement inacceptable pour la Grande-Bretagne. On y parle d'agriculture, ce que nous n'aimons pas, de droits de douanes, ce que nous récusons, et d'institutions, ce qui nous fait horreur.

Monsieur le Président, Messieurs, au revoir et bonne chance. »[7]

Un refus pour le moins catégorique qui sera suivi de la création d'une contre-communauté, l'Association européenne de libre-échange, AELE, ou *European Free Trade Association* en anglais, EFTA, le 4 janvier 1960, regroupant la Grande-Bretagne et les autres pays alors non communautaires : le Danemark, la Norvège, la Suisse, l'Autriche, la Suède et le Portugal. Institution non politique, purement économique et intergouvernementale, sans union douanière, chacun des pays membres y évoluera sous un statut pleinement souverain, pouvant déterminer librement à la fois ses tarifs douaniers sur les produits industriels et sa politique commerciale vis-à-vis des pays tiers, hors agriculture, celle-ci n'étant pas incluse dans l'accord. En somme, c'est une communauté plus en adéquation avec ce que serait une politique de coopération pour le Royaume-Uni qui garde, là aussi, le contrôle sur ses importations agricoles venant du Commonwealth. Aussi conforme soit-elle à l'idéal britannique, l'EFTA se révélera être un échec et poussera la Grande-Bretagne à abandonner son ambition de faire cavalier seul.

[7] Anecdote que nous devons à Jean-Louis Deniau, Secrétaire général permanent de la délégation française à Bruxelles en 1957, et rédacteur du préambule du Traité de Rome.
Deniaud (Jean-François), *L'Europe interdite*. Paris, Editions du Seuil, 1977, pp. 59-60.

1961, pour un Royaume-Uni européen

En 1961, le rapport britannique à l'Europe connaît un virage à 180 degrés, causé par un contexte économique particulièrement préoccupant. L'empire colonial n'est plus aussi rayonnant, et les rapports avec le Commonwealth s'avèrent de plus en plus compliqués. De plus, la relation privilégiée et historique que le pays entretenait avec les États-Unis s'est sensiblement effritée depuis la crise du canal de Suez entre octobre 1956 et mars 1957. Devant une telle conjoncture, Harold Macmillan n'a pas d'autre choix, en août 1961, que de formuler une demande d'adhésion auprès des Six que composent la France, l'Allemagne, l'Italie, les Pays-Bas, le Luxembourg et la Belgique, dans l'espoir d'intégrer un Marché commun qui semble bel et bien tenir toutes ses promesses. C'est d'ailleurs Edward Heath, à l'époque ministre dans le gouvernement Macmillan, qui sera chargé des négociations avec Bruxelles.

La tâche est particulièrement difficile au départ. Le tarif douanier pose problème pour un pays qui veut aussi profiter de sa relation impériale avec le Commonwealth. On pense alors possible un compromis, et l'idée est donc émise, côté anglais, de proposer des exemptions et des dérogations aux Six. La requête ne passe pas vraiment à Bruxelles. Seuls l'Allemagne, la Belgique et l'Italie sont prêts à faire quelques efforts légers. En Grande-Bretagne, le gouvernement conservateur se heurte à l'opposition travailliste, menée par Hugh Gaïtskell, très attaché au Commonwealth et vigoureusement opposé aux compromis proposés :

« Comment peut-on sérieusement supposer que si la mère patrie, le centre du Commonwealth, est une province de l'Europe (ce qu'entraînerait une fédération), elle puisse continuer d'être la mère patrie d'une série de nations indépendantes ? C'est une pure absurdité. »[8]

À l'image du camp *Labour*, l'opinion publique est, elle aussi, dubitative. D'autant plus que le Canada et la Nouvelle-Zélande se prononcent en totale défaveur du plan d'intégration européenne de Macmillan, en septembre 1962, à la conférence du Commonwealth (*The 1962 Commonwealth Prime Ministers' Conference*). Finalement, c'est le général de Gaulle qui tranche et met fin aux espoirs britanniques en opposant son veto, le 14 janvier 1963. Pour le général, outre le fait que les conditions d'adhésion doivent se faire sans compromis, il y a incompatibilité évidente entre les intérêts des deux parties. En pointant du doigt les rapports préférentiels du Royaume-Uni avec le Commonwealth, il émet une crainte de voir la Politique agricole commune (PAC) affaiblie. En acceptant en l'état le Royaume-Uni, on accepterait de transformer alors la CEE en une large zone de libre-échange, ce qui, aux yeux du président français, est impensable. Autre frein à l'intégration des Anglais aux Six, l'attitude pro-américaine de la Grande-Bretagne, faisant d'elle le « cheval de Troie » des États-Unis. Le général veut une Europe européenne et pas une Europe atlantiste, une Europe indépendante, sans influence. Une Europe libre. Un sentiment renforcé tant il sait le projet d'adhésion vivement encouragé par le gouvernement américain, qui voit dans son allié « spécial » un potentiel intermédiaire de choix dans ses rapports avec la CEE :

---

[8] Gaitskell (Hughes). [Discours de Hughes Gaitskell contre l'adhésion du Royaume-Uni à la CEE, à la conférence annuelle du Labour (3 octobre 1962)]. [En ligne]. Muñoz (Susana) (dir.). 1958-1968. Succès et crises. Sanem, Luxembourg : CVCE, 2011. Consulté le 12 janvier 2015. Disponible à l'adresse : www.cvce.eu.

« Moi je crois que quand on parle d'économie et à plus forte raison quand on en fait, il faut que ce que l'on dit, ce que l'on fait soit conforme aux réalités parce que sans ça on va à des impasses et même des fois on va à la ruine. Dans cette très grande affaire de la Communauté économique européenne et aussi dans celle de l'adhésion éventuelle de la Grande-Bretagne, ce sont les faits qu'il faut d'abord considérer. Les sentiments, si favorables qu'ils puissent être ou qu'ils soient, ces sentiments ne sauraient être invoqués à l'encontre des données réelles du problème. Quelles sont ces données ? Le traité de Rome a été conclu entre six États continentaux. Des États qui économiquement parlant sont, on peut le dire, de même nature. En effet, qu'il s'agisse de leurs productions, industrielle ou agricole ou bien de leurs échanges extérieurs ou bien de leurs habitudes, et de leurs clientèles commerciales, ou bien de leurs conditions de vie et de travail, il y a entre eux beaucoup plus de ressemblances que de différences. D'ailleurs ils sont contigus et ils s'interpénètrent, ils se prolongent les uns les autres par leurs communications, et c'est donc un fait que de les grouper, et de les lier entre eux de telle façon que ce qu'ils ont à produire, à acheter, à vendre, à consommer, et bien ils le produisent, l'achètent, le vendent, le consomment de préférence dans leur propre ensemble, ça c'est conforme aux réalités. Il faut ajouter d'ailleurs qu'au point de vue de leur développement économique, de leur progrès social, de leur capacité technique, ils sont, en somme, du même pas. Et ils marchent d'une façon fort analogue. Encore se trouve-t-il qu'il n'existe entre eux aucune espèce de griefs politiques, aucune question de frontière, aucune rivalité de domination, de puissance. Et puis au contraire, ils sont solidaires, ils se sentent solidaires. Au point de vue, d'abord de la conscience qu'ils ont de détenir ensemble une part importante des sources de notre civilisation. Et aussi quant à leur sécurité, parce qu'ils sont des continentaux et qu'ils ont devant eux une seule et même menace d'un bout à l'autre de leur ensemble territorial et puis enfin ils sont solidaires par le fait qu'aucun d'entre eux n'est lié au dehors par aucun accord politique, ni militaire particulier. Alors il a été psychologiquement et matériellement possible de faire une communauté économique des six.

[...] l'Angleterre a demandé à son tour à y entrer mais suivant ses propres conditions. Cela pose sans aucun doute à chacun des six États et ça pose à l'Angleterre des problèmes d'une très grande dimension. L'Angleterre, en effet elle, est insulaire. Elle est maritime. Elle est liée par ses échanges, ses marchés, ses ravitaillements aux pays les plus divers, et souvent les plus lointains. Elle exerce une activité essentiellement industrielle et commerciale, et très peu agricole. Elle a dans tout son travail des habitudes et des traditions très marquées, très originales. Bref, la nature, la structure qui sont propres à l'Angleterre diffèrent profondément de celle des continentaux. Comment faire pour que l'Angleterre telle qu'elle vit, telle qu'elle produit, telle qu'elle échange, soit incorporée au Marché commun tel qu'il a été conçu et tel qu'il fonctionne. Par exemple, les moyens par lesquels se nourrit le peuple de la Grande-Bretagne et qui est en fait l'importation de denrées alimentaires achetées à bon marché dans les deux Amériques ou dans les anciens Dominions, tout en donnant, en accordant des subventions considérables aux agriculteurs anglais. Ce moyen-là est évidemment incompatible avec le système que les six ont établi tout naturellement pour eux-mêmes. Le système des six, ça consiste à faire tout avec les produits agricoles de toute la Communauté. A fixer rigoureusement leur prix. A interdire qu'on les subventionne. A organiser leur consommation entre tous les participants. Et à imposer à chacun de ces participants de verser à la Communauté toute économie qu'il ferait en faisant venir du dehors des aliments au lieu de manger ce qu'offre le marché commun. Encore une fois, comment faire entrer l'Angleterre telle qu'elle est dans ce système-là. On a pu croire, parfois que nos amis Anglais, en posant leur candidature sur le Marché commun acceptaient de se transformer eux-mêmes au point de s'appliquer toutes les conditions qui sont acceptées et pratiquées par les six. Mais la question est de savoir si la Grande-Bretagne actuellement peut se placer avec le Continent et comme lui à l'intérieur d'un tarif qui soit véritablement commun. De renoncer à toutes préférences à l'égard du Commonwealth. De cesser de prétendre que son agriculture soit privilégiée. Et encore, de tenir pour caducs les engagements qu'elle a pris avec les pays qui ont fait partie, qui faisaient partie, ou qui font partie de sa zone de libre échange. Cette question-là, c'est toute la question. On ne peut pas dire qu'elle soit actuellement résolue. Est-ce qu'elle le sera un jour ? Seule évidemment l'Angleterre peut répondre. »[9]

C’est là un fait très important à prendre en considération si l’on veut comprendre l’attitude du général de Gaulle à l’égard du candidat anglais. Depuis la fin des années 1950, le président français a décidé de prendre en charge le destin continental et d’imposer sa vision de l’Europe. Une vision qui va sensiblement s’éloigner de celle de la politique « d’ouverture » des pères fondateurs,

---

[9] De Gaulle (Charles). Conférence de presse du 14 janvier 1963 (sur l’entrée de la Grande-Bretagne dans la CEE). [Enregistrement vidéo] In : Fresques INA [Format streaming, 1h 22 min, 42 sec] Disponible sur : <http://fresques.ina.fr/de-gaulle/fiche-media/Gaulle00085/conference-de-presse-du-14-janvier-1963-sur-l-entree-de-la-grande-bretagne-dans-la-cee.html> (Consulté le 12/01/2016).

s'opposer à toute influence anglo-saxonne et façonner ce qui deviendra alors la colonne vertébrale de la Communauté : l'axe franco-allemand.

Le « NON » aux Anglais, pour une Europe franco-allemande

En 1958, Konrad Adenauer, 82 ans, est le chancelier d'une République fédérale allemande en plein essor démographique – il était d'ailleurs déjà présent au moment de la création de la CECA, aux côtés du ministre des Affaires étrangères français Robert Schuman. Arrivé au pouvoir en mai, le général de Gaulle souhaite ardemment rencontrer le dirigeant allemand, avec ce double objectif : enterrer le passé et reconstruire l'avenir, treize années seulement après la fin de la guerre.

Une première rencontre a lieu le 14 septembre 1958, à Colombey-les-Deux-Églises, dans la résidence campagnarde du président français. L'échange est constructif, rassurant même, pour le chancelier fédéral qui n'avait pas pleinement confiance en de Gaulle, lui, le signataire du traité d'amitié franco-soviétique en décembre 1944, concepteur d'un plan de démantèlement de l'Allemagne après la guerre, et récemment adversaire acharné au projet de la Communauté européenne de défense (la CED). À la grande surprise d'Adenauer, il y a une forte convergence des points de vue. Sur la nécessité d'écarter la menace soviétique tout d'abord, de garantir la paix, mais surtout, sur la construction européenne en cours. Ainsi, le général lui fait part de toute sa détermination à créer une réelle amitié entre les deux pays, accompagnée d'une étroite coopération politique. Pour de Gaulle, l'Europe communautaire doit respecter l'indépendance structurelle des États qui en font partie. Indépendante de toute hégémonie extérieure, l'Europe doit combattre avec fermeté tout ce qui pourrait faire pression sur elle. En ce qui concerne l'Alliance atlantique, notamment, il ne faut pas la remettre en cause mais éviter à tout prix sa domination par les États-Unis. Selon de Gaulle, laisser les mains libres aux Américains dans les affaires européennes serait une grave erreur. Jugés peu dignes de confiance, versatiles, ils ne comprennent rien à l'Europe, ni à son histoire. Quant aux pays européens sous domination communiste, il est nécessaire d'entrer en contact avec eux, mais plus rien ne doit se faire sans une véritable concertation franco-allemande. Aux yeux du général, la France et l'Allemagne forment la pierre angulaire du projet. Ce qui plaît à Adenauer, qui voit là la possibilité de permettre à l'Allemagne de revenir au premier plan sur la scène internationale.

Entre les deux hommes, c'est une relation de confiance qui s'établit. Sentiment qui sera renforcé, chez Konrad Adenauer, par l'intransigeance du général lors de la crise de Berlin. En effet, fin 1958, Nikita Khrouchtchev annonce que l'URSS est sur le point de dénoncer les accords de 1945 sur Berlin et que, sans négociations entre les anciens vainqueurs du Reich, l'URSS et la République démocratique allemande se chargeront elles-mêmes de régler le statut de Berlin. En mai 1960, à la conférence de Paris, alors que Dwight D. Eisenhower et Harold Macmillan semblent disposés à rechercher un compromis avec le leader soviétique, de Gaulle, lui, fera preuve de fermeté, refusant toute concession, et faisant échouer la conférence.

Après Colombey-les-Deux-Églises, la deuxième rencontre est organisée en novembre 1958, mais en Allemagne cette fois-ci, à Bad Kreuznach. De Gaulle y fait part de sa volonté d'accélérer la mise en place du Marché commun et son extension à l'agriculture, jetant les bases de la future Politique agricole commune. Adenauer, bien qu'il ne partage pas le sentiment anti-anglais du général, se montre des plus enthousiastes envers l'entreprise que le président français a décidé de démarrer avec lui. Fait essentiel de la relation entre les deux hommes, il n'y aura jamais de ruptures, ni de divergences profondes, ce qui, au passage, ne sera pas le cas avec les successeurs d'Adenauer. Tous deux sont convaincus du grand dessein qu'ils poursuivent et du moteur que constituent les deux nations dans le projet continental.

Les 29 et 30 juillet 1960, à Rambouillet, a lieu une troisième rencontre déterminante qui jette les bases d'une nouvelle ambition européenne voulue par de Gaulle. L'unification européenne doit être non seulement une « Europe des États », dans laquelle les décisions majeures ne sauraient être prises que dans le cadre d'une coopération intergouvernementale respectueuse des souverainetés, mais également une « Europe européenne », indépendante et capable d'agir en tant que telle dans le monde sur le plan militaire et politique. Sur ce point, il est important de rappeler que pour le général, il est grandement préférable que l'Europe apprenne à s'assumer elle-même. Le comportement de l'administration Eisenhower en 1961 vis-à-vis de l'URSS – notamment la rencontre avec Khrouchtchev à Vienne en juin – ainsi que son penchant conciliateur en constitueront, selon lui, la preuve flagrante.

L'idée est maintenant émise : l'Europe doit permettre la coopération politique, par l'organisation de réunions périodiques des responsables de chaque pays et d'une commission permanente – mais pas supranationale – qui serait chargée du bon suivi des questions. Ce serait « [le] début d'une vie commune fondée avant tout sur l'entente entre la France et l'Allemagne »[10]. Adenauer approuve le

---

[10] Schoenborn, Benedikt. *La mésentente apprivoisée : De Gaulle et les Allemands, 1963-1969*. Nouvelle édition [en ligne]. Genève : Graduate Institute Publications, 2007 (généré le 28 juin 2017]. Disponible sur Internet : < http://books.opened.org/iheid/1069 >. ISBN: 9782940549108. DOI : 10.4000/books.iheid.1069.

projet, bien qu'il marque une rupture avec celui initial, intégrationniste et atlantique. La tâche reste maintenant à entraîner les quatre autres membres de l'Europe des Six, ces « petits pays » qui pourraient voir cette volonté de mainmise franco-allemande comme une menace.

Le plan Fouchet

Les 10 et 11 février 1961, lors du sommet des Six à Paris, est décidée la création d'une commission chargée d'étudier les modalités du principe d'union politique européenne proposé par le général. Elle est présidée par le gaulliste Christian Fouchet, qui propose un projet de traité le 19 octobre 1961, le « plan Fouchet », qui institue entre les Six une entité politique à part entière, alors qualifiée d'« union d'États ».

Le plan divise les Six. Si Bonn, Rome et Luxembourg sont sur la même longueur d'onde, le Belge Paul-Henri Spaak et le Néerlandais Joseph Luns sont, eux, peu convaincus par les notions gaulliennes d'une Europe « des États » et « européenne ». Jugés beaucoup trop intégrationnistes et atlantistes par de Gaulle, la Belgique et les Pays-Bas ne parviennent pas à trouver un terrain d'entente avec leurs homologues européens, d'autant plus qu'ils exigent que soit réglée au préalable la question de l'entrée du Royaume-Uni dans le Marché commun.

Le 17 avril 1962, le plan Fouchet est abandonné. C'est un échec pour le couple franco-allemand, finalement causé par les « Anglo-Saxons ». Mais, le projet d'Europe politique est cependant loin d'être enterré pour le général de Gaulle et Adenauer, qui n'abandonnent pas. Cela prendra peut-être plus de temps, mais l'union se fera, et à deux. Une volonté d'autant plus renforcée côté allemand que les États-Unis adoptent une attitude considérée comme étant beaucoup trop conciliatrice à Berlin. Plus que jamais, il faut créer un véritable « axe » franco-allemand.

En mai 1962, le président français hausse le ton et dénonce l'attitude belge et néerlandaise :

« Il est parfaitement vrai que les propositions de la France ont soulevé deux objections, d'ailleurs, parfaitement contradictoires, quoiqu'elles soient présentées par les mêmes opposants. Et voici ces deux objections. Ces opposants nous disent : « Vous voulez faire l'Europe des patries, nous voulons, nous, faire l'Europe supranationale ». Comme s'il suffisait d'une formule pour confondre ensemble ces entités puissamment établies qui s'appellent les peuples et les États. Et puis, les mêmes opposants nous disent, en même temps : « L'Angleterre a posé sa candidature pour entrer au Marché commun. Tant qu'elle n'y est pas, nous ne pouvons rien faire de politique ». Et pourtant, tout le monde sait que l'Angleterre, en tant que grand État, et que nation fidèle à elle-même, ne consentirait jamais à se dissoudre dans quelque utopique construction. »[11]

Pour de Gaulle, en voulant imposer la candidature britannique, Spaak et Luns ont aussi pour objectif de maintenir la CEE sous tutelle américaine. Dires qui se vérifieront deux mois plus tard, le 4 juillet 1962, lorsque John Fitzgerald Kennedy fera la promotion d'une « interdépendance » et plaidera pour la poursuite du projet communautaire, avec le Royaume-Uni comme nouveau membre, et pour un partenariat étroit entre les deux « blocs » :

« Nous ne regardons pas une Europe forte et unie comme une rivale, mais comme une partenaire. Nous croyons qu'une Europe unie sera capable de se joindre aux

[11] De Gaulle (Charles). Conférence de presse du 15 mai 1962. [Enregistrement vidéo] In : Fresques INA [Format streaming, 3 min, 37 sec] Disponible sur : < http://fresques.ina.fr/jalons/fiche-media/InaEdu00096/conference-de-presse-du-general-de-gaulle-du-15-mai-1962.html> (Consulté le 12/01/2017).

États-Unis et à d'autres pays pour abaisser les barrières douanières. L'édification de l'association atlantique ne sera achevée ni aisément, ni à bas prix. Mais je dirai ici aujourd'hui, en ce jour anniversaire de l'indépendance, que les États-Unis sont prêts à souscrire à une déclaration d'interdépendance. »[12]

Pour la France, cette déclaration d'interdépendance n'est en aucun cas une proposition de partenariat, mais plutôt un moyen pour les États-Unis d'asseoir leur domination sur l'Europe. D'ailleurs, six mois plus tard, de Gaulle fera référence à cette « communauté atlantique colossale sous dépendance et direction américaine » dans son discours de rejet de la candidature du Royaume-Uni au sein de la CEE : « Ce n'est pas du tout ce qu'a voulu faire et ce que fait la France : une construction proprement européenne. »[13]

---

[12] Kennedy (John F.). [Discours de John F. Kennedy (Philadelphie, 4 juillet 1962)]. [En ligne]. Consulté le 11 janvier 2017. Disponible sur http://www.presidency.ucsb.edu/ws/index.php?pid=8756&st=&st1=#axzz1h5TwADrU.
© The American Presidency Project.
[13] De Gaulle (Charles). Conférence de presse du 27 novembre 1967. [Enregistrement vidéo]. In : Fresques INA [Format streaming, 1 h 33 min, 07 sec]. Disponible sur : < http://fresques.ina.fr/de-gaulle/fiche-media/Gaulle00139/conference-de-presse-du-27-novembre-1967.html>. (Consulté le 12/01/2016).

L'Europe se fera à deux !

Dans sa quête de reconnaissance en tant qu'acteur principal de la construction communautaire, l'axe franco-allemand, grand défenseur d'une Europe politique « des États » et « européenne », va faire montre de toute sa force lors de deux séjours médiatiques, préparés avec minutie.

Une première rencontre officielle est organisée en France, du 2 au 8 juillet 1962. Accueilli en chef d'État à l'aéroport d'Orly par le général, Adenauer est escorté par la Garde républicaine dans un Paris pavoisé aux couleurs des deux pays. Il est décoré de la grand-croix de la Légion d'honneur, des mains du général, qui déclare : « Les Français voient en vous un grand Allemand, un grand Européen, un grand homme qui est l'ami de la France. »[14] De grandes réceptions sont organisées à l'Élysée, à l'Hôtel de Ville, à Versailles et à l'Opéra notamment. On fait également étape dans certaines villes emblématiques comme Rouen, Bordeaux et Reims, où les deux chefs d'État célèbrent une messe solennelle dans la célèbre cathédrale, monument martyr, bombardé par l'aviation allemande en 1914. Y célébrer la réconciliation en se recueillant côte à côte est un symbole très fort, une image de communion spirituelle. Un autre épisode remarquable a lieu à Mourmelon, à quelques dizaines de kilomètres de Reims, lors d'une parade où les deux armées française et allemande défilent. Au total, 600 chars offrent un spectacle impressionnant et sans précédent aux deux hommes d'État et à la foule. Le temps des combats est passé. L'heure est à l'union pour la défense d'une cause

---

[14] Education.francetv.fr, « De Gaulle et Adenauer ». [Article consulté le 7 avril 2017], http://education.francetv.fr/matiere/epoque-contemporaine/cm2/article/de-gaulle-et-adenauer.

commune. Et, comme le décrira si bien le film d'actualité du 11 juillet 1962 : « À travers deux hommes, deux peuples se retrouvaient. »[15]

Le 5 juillet 1962, un communiqué commun est publié :

« La visite en France du chancelier Adenauer [...] est un nouveau témoignage de la réconciliation intervenue entre la France et l'Allemagne. [...] Elle facilitera les évolutions souhaitables vers une détente réelle et durable. [...] Chaque français, chaque allemand doit contribuer de toutes ses forces à la grande œuvre commune. [...] Cet appel s'adresse avant tout à la jeunesse des deux peuples.»[16]

Dans son allocution au dîner de l'Élysée, de Gaulle s'adresse à Adenauer en des termes évocateurs. Le président français se demande tout d'abord si « la rivalité [entre les deux pays] qui remplit et secoua les siècles [...] a eu finalement un sens »[17]. Plus loin, il poursuit : « Je voudrais vous poser une question directe et très importante [...]. La République fédérale accepterait-elle de conclure avec la France une union politique qui serait en fait et par la force des choses limitée à deux ? »[18] Après quelques phrases hésitantes, Adenauer se lance : « [...] pour répondre à votre question, je dirais nettement : oui. Nous

---

[15] De Paris à Reims : la visite du chancelier Adenauer. [Enregistrement vidéo]. In : Fresques INA [Format streaming, 1 min, 37 sec]. Disponible sur : < http://www.ina.fr/video/AFE85009581>. (Consulté le 12/01/2017).

[16] Fondation Charles de Gaulle, « Konrad Adenauer en France », [consulté le 12 mars 2017], http://decouvrir.charles-de-gaulle.org/theme-exposition/konrad-adenauer-en-france/

[17] Échange cité dans Schoenborn, p. 24, *op. cit.*

[18] *Ibid.*

serions prêts à accepter cette union restreinte en laissant la porte ouverte aux autres membres. » « Ce que vous venez de dire est d'une extrême importance, conclut de Gaulle, pour nous comme pour les autres [...]. Les autres sont libres de faire ce qu'ils veulent, mais, nous, nous sommes libres aussi. »[19]

À un séjour symbolique s'était greffée une déclaration tout aussi symbolique. La symbiose était réelle. Et la réussite était certes politique, mais aussi populaire, avec une ferveur générale très importante de la part des Français. Une adhésion dont se félicite de Gaulle :

« Oui, pour aimer cette grande tâche européenne et mondiale que doivent accomplir ensemble les Germains et les Gaulois, il était essentiel que l'âme populaire manifestât son approbation de ce côté-ci du Rhin [...] Cela est fait d'une manière éclatante.»[20]

La deuxième visite officielle est celle du général de Gaulle en Allemagne, du 4 au 9 septembre 1962. Et comme on pouvait le présager, c'est un véritable triomphe pour le président français qui a soigneusement préparé quatorze discours, tous en allemand. À Ludwigsburg, il salue « les jeunes Allemands, c'est-à-dire les enfants d'un grand peuple. Oui ! D'un grand peuple ! »[21]. À Duisbourg, il s'adresse aux ouvriers d'une usine Thyssen, à

---

[19] *Ibid.*

[20] Peyrefitte (Alain), C'était *De Gaulle, Tome 2.* Paris, Editions Fayard, 1997, p. 208.

[21] De Gaulle (Charles). Le général de Gaulle s'adresse à la jeunesse allemande à Ludwigsburg. [Enregistrement vidéo]. In : Fresques INA [Format streaming, 7 min, 55 sec]. Disponible sur : < http://fresques.ina.fr/jalons/fiche-media/InaEdu05147/le-general-de-gaulle-s-adresse-a-la-jeunesse-allemande-a-ludwigsburg.html>. (Consulté le 12/02/2017).

Hambourg, aux élèves officiers, à chaque fois avec un enthousiasme qui ne fait que confirmer aux Allemands l'authenticité de cette amitié.

Après ces démonstrations d'affection profonde, l'heure est aux actes, avec la signature d'un accord franco-allemand. L'ancien pays vaincu, même coupé en deux, est prêt à jouer un rôle central sur la scène internationale, celui de copilote de la France. Le 22 janvier 1963, Adenauer et de Gaulle signent le traité de l'Élysée, ou traité sur la coopération franco-allemande. La réconciliation entre les deux peuples est définitivement scellée, et une coopération permanente en matière de défense, de politique étrangère, d'économie et de culture est désormais instaurée. La construction d'une Europe unie peut reprendre, avec la France et l'Allemagne comme colonne vertébrale. À ce moment-là, le général vient de refuser l'entrée des Anglais au sein de la CEE.

Le traité, au moment de sa signature, annonce un futur commun paisible. Mais, une grande désillusion survient quatre mois plus tard, lorsque le Bundestag lui adjoint un préambule qui le vide complètement de son sens.

La désillusion de mai 1963

Appelé à ratifier le traité le 16 mai 1963, le Parlement allemand prend de court le général et le chancelier en apportant des modifications à l'accord. L'objectif est clair : ce qui vient d'être signé ne doit en aucune façon affecter les rapports entre l'Europe et les États-Unis, ni la défense commune dans le cadre de l'Alliance atlantique, ni même la participation du Royaume-Uni à l'unification européenne. C'est le début de la fin d'une idylle pour de Gaulle. Alors que Konrad Adenauer vit là ses derniers mois à la tête de la République fédérale, les priorités de l'Assemblée se trouvent désormais ailleurs. Son vice-président, Carlo Schmidt, avait d'ailleurs déclaré quelques mois plus tôt :

« Aussi grandiose que soit le changement qui a transformé en amis les deux ennemis héréditaires, ce changement n'en deviendrait pas moins grave si l'union de nos deux pays devait conduire le monde anglo-saxon et scandinave à se désintéresser de notre destin allemand. N'oublions pas que sans cet intérêt actif, il n y a pas de protection efficace contre le danger qui nous menace à l'Est »[22].

Avoir une relation forte avec la France est un plus, mais indéniablement, sans l'appui de Washington, on ne peut pas maintenir le *statu quo* en Europe, ni même espérer possible une réunification des deux Allemagnes. C'est ce point de vue atlantiste allemand, ou « kennedyiste », totalement opposé à la vision gaulliste, qui va dès lors prévaloir en Allemagne fédérale. De Gaulle, déçu, réagira

---

[22] Schmidt, Carlo, cité dans Binoche (Jacques), *Hitler, les Allemands et le général de Gaulle*. Paris : Editions Edilivre, 2015, p. 213.

avec cette formule, lors d'une discussion avec Alain Peyrefitte : « Tout ça, pourquoi ? Parce que des politiciens allemands ont peur de ne pas s'aplatir suffisamment devant les Anglo-Saxons ! Ils se conduisent comme des cochons ! »[23] Pour Adenauer, l'exercice de contorsionniste risque désormais d'être compliqué.

---

[23] Peyrefitte, p.228, *op.cit.*

L'harmonie franco-allemande n'est plus

Depuis octobre 1963, Konrad Adenauer n'est plus chancelier fédéral. Son successeur est Ludwig Erhard, son ancien ministre des Affaires étrangères, un atlantiste. Son objectif premier en politique étrangère est de créer une relation d'entente avec les États-Unis. Et forcément, avec le général de Gaulle, les rapports deviennent particulièrement tendus. En l'espace de quelques mois, l'axe quasi harmonieux devient conflictuel. À Bonn, on se sent désormais plus près du « *Ich bin ein Berliner* », prononcé le 26 juin 1963 par Kennedy à Berlin-Ouest, que du général de Gaulle lors de sa visite triomphale de 1962. Et le préambule ajouté au traité de l'Élysée en mai 1963 ne laisse pas place au doute : le gouvernement ouest-allemand va davantage orienter sa politique vers les États-Unis et l'OTAN, n'en déplaise à son ami français. « L'Allemagne suit sa voie, et ce n'est pas la nôtre, dira le président français à son ministre de l'Information, Alain Peyrefitte. Alors, nous ne pouvons plus avoir de politique commune avec elle. Les Allemands ont vite oublié. On ne peut pas compter sur eux. Ils avaient été mon grand espoir. Ils sont mon grand désappointement. »[24]

Erhard est persuadé que de Gaulle n'est préoccupé que par l'hégémonie française en Europe occidentale. L'attitude de la France envers Washington, dont il redoute l'ingérence par l'intermédiaire de Bruxelles, la sortie du commandement de l'OTAN ainsi que la construction d'une force de frappe française autonome en sont la preuve pour le chancelier. La République fédérale allemande ne serait alors qu'un pion stratégique pour asseoir la suprématie gaulliste. C'est avec cet objectif,

---

[24] Peyrefitte, pp. 303-305, *op.cit.*

dira-t-il au président américain Johnson en 1965, que le chef d'État français a vigoureusement refusé l'entrée du Royaume-Uni dans la CEE. Face à un tel comportement, difficile pour Erhard de reconsidérer la question d'une Europe véritablement européenne.

Et les choses ne sont pas près de s'arranger lorsque la France ouvre sa politique à l'Est, en 1965. La prise de position du général de Gaulle sur la guerre du Vietnam est fortement contestée. À Bonn, on se demande si la condamnation par de Gaulle de la politique étatsunienne est bel et bien une prise de position pour le Vietnam ou contre Kennedy et les USA. Pour Erhard, les intérêts de la France et de l'Allemagne ne sont plus les mêmes, et il sait plus que jamais de quel côté se placer dans cette guerre qui fait opposition à l'agression antioccidentale. « Puissent d'autres l'oublier, nous Allemands, n'oublierons jamais ce que les Américains ont fait pour l'Europe »[25] déclare-t-il le 16 février 1968. De même, la reconnaissance diplomatique de la Chine communiste par le général n'est pas du goût de la République fédérale. Le 21 février 1964, le chancelier avait tenu « pour erroné l'établissement de relation diplomatique avec la Chine rouge alors que les Américains [étaient] en plein effort militaire au Vietnam »[26].

Outre l'attitude européenne et internationale de la France, c'est également son modèle de « planification » économique qui dérange Ludwig Erhard. Celui-ci considère le gouvernement français comme beaucoup trop centralisé et trop impliqué dans les affaires économiques. L'État ne dispose pas forcément du bon savoir-faire pour mettre sur pied un plan en phase avec une réalité économique bien plus complexe et diverse qu'elle n'y

[25] Erhard, Ludwig, cité dans Binoche, p.112, *op. cit.*
[26] Binoche, p.112, *op. cit.*

paraît. Le chancelier allemand plaide, lui, pour une place plus restreinte de l'État dans une économie libre. Selon lui, il faut libérer l'économie de tout protectionnisme. Pour Erhard, l'éloignement européen voulu par de Gaulle vis-à-vis des États-Unis et de la Grande-Bretagne, libre-échangistes, est donc particulièrement nocif. Il déplore d'ailleurs la division de l'Europe occidentale en deux camps économiques – la CEE et l'AELE – et l'affaiblissement qui en résulte. À plusieurs reprises, il militera en faveur d'une large zone de libre-échange, jusqu'à la fin de l'année 1966, moment de sa chute.

À la tête d'un gouvernement fragilisé par la récession, Erhard démissionne le 30 novembre. Il est remplacé par Kurt Georg Kiesinger, qui suscite un espoir côté français où l'on espère renouer des rapports plus heureux avec un ami qui s'était quelque peu éloigné.

La fin amère de l'ère de Gaulle

Kurt Georg Kiesinger arrive à la chancellerie à la fin de l'année 1966. Une arrivée qui suscite quelques espoirs au sein du gouvernement français, soucieux de tourner la page Ludwig Erhard et de retrouver avec l'Allemagne une confiance mutuelle forte. Seulement, les divergences de points de vue vont très vite se manifester et ainsi continuer de compliquer les rapports entre les deux pays. Tout comme sous le gouvernement précédent, la question de l'adhésion du Royaume-Uni à la Communauté économique va susciter des mésententes. De Gaulle s'y oppose toujours, et l'Allemagne la souhaite vivement. Mais, plutôt que de tomber dans la même impasse diplomatique que sous Erhard, on va tenter, côté allemand, d'utiliser le traité de l'Élysée comme moyen de conciliation. Outre l'espoir d'influencer positivement le général, le but est aussi d'éviter de se le mettre à dos.

La question anglaise : éviter un *bis repetita* à Bruxelles

En 1967, Harold Wilson est de nouveau Premier ministre d'un pays toujours en proie à une crise économique et monétaire importante. Bientôt, la dévaluation de la livre sterling laisse transparaître une nécessité encore et toujours plus urgente, intégrer l'Europe des Six. George Brown, secrétaire d'État aux Affaires étrangères, pose la candidature britannique. Dans l'avis qu'ils publient au nom de la Commission des Communautés européennes en septembre 1967, les cinq sont disposés à considérer une nouvelle fois la question, ainsi que celle de l'adhésion de l'Irlande, du Danemark et de la Norvège. Mais de Gaulle, lui, ne change pas de cap, et avant même que des négociations officielles n'aient pu commencer, il inflige un deuxième refus au Royaume-Uni dans une déclaration le 27 novembre 1967. Les obstacles à l'entrée des Britanniques dans la CEE sont les mêmes qu'en 1963, auxquels s'ajoutent de nouveaux arguments de politiques étrangères. Contrairement au général, qui souhaite l'indépendance en tout point de la Communauté vis-à-vis des États-Unis, Harold Wilson affiche son désaccord : il prêche pour l'engagement américain dans la défense de l'Europe et se montre contre la création d'une force nucléaire européenne. Pour le président français, c'est là la preuve qu'un élargissement est encore une fois difficilement envisageable. La Communauté ne saurait intégrer la Grande-Bretagne sans qu'elle ne procède à un changement radical en matière de politique et d'économie, ce que le gouvernement Wilson ne semble pas disposé à entreprendre. Se montrant cependant conciliant, toute proportion gardée, il propose d'étudier la faisabilité d'un projet d'accords commerciaux entre le Marché commun et les pays candidats, comme il l'avait d'ailleurs fait quatre ans plus tôt, lorsqu'il avait pour la première fois recalé les Britanniques. Londres, qui ne veut ni plus ni moins prendre pleinement part à la CEE, refuse. Cette obstruction de de Gaulle est loin d'être du goût des cinq autres membres qui cherchent à le faire fléchir. Avec l'adhésion britannique, l'Europe pourrait poursuivre son développement, d'où la nécessité de trouver une solution. Mais le général ne veut pas l'entendre, s'agace et menace de quitter le navire. La France est isolée, la Communauté au point mort. Une nouvelle fois, on refuse le candidat anglais. À l'image de ses quatre co-adhérents, l'Allemagne commence à remettre en cause la politique gaullienne. Depuis presque deux ans, le général s'enferme dans ses certitudes et les exprime devant la presse :

« Depuis qu'il y a des hommes et depuis qu'il y a des États, tout grand projet international est nimbé de mythes séduisants. C'est tout naturel. Parce qu'à l'origine de l'action, il y a toujours l'inspiration. Et ainsi pour l'unité de l'Europe, oh ! comme il serait beau, comme il serait bon, que celle-ci puisse devenir un ensemble fraternel et organisé où chaque peuple trouve sa prospérité et sa sécurité. Ainsi en est-il aussi du monde. Qu'il serait merveilleux que disparaissent toutes les différences de race, de langue, d'idéologie, de richesse, toutes les rivalités, toutes les frontières qui divisent la terre depuis toujours. Mais quoi, si doux que soient les rêves, les réalités sont là. Et suivant qu'on en tient compte ou non, la politique peut être un art assez fécond ou bien une vaine utopie. C'est ainsi que l'idée de joindre les îles britanniques à la communauté économique formée par six états continentaux soulève partout des souhaits qui sont idéalement très justifiés. Mais qu'il s'agit de savoir si cela pourrait être actuellement fait sans déchirer, sans briser ce qui existe. Or il se trouve que la Grande Bretagne avec une insistance et une hâte vraiment extraordinaire et dont peut être les derniers événements monétaires éclairent un peu certaines raisons, a proposé, avait proposé l'ouverture sans délai d'une négociation, entre elle-même et les six, en vue de son entrée dans le Marché commun. En même temps elle déclarait accepter, toutes les dispositions qui régissent la communauté des Six. Ce qui semblait un peu contradictoire avec la demande de négociation, car pourquoi négocierait-on sur des clauses que l'on aurait d'avance et entièrement acceptées. [...] Le peuple anglais discerne sans doute de plus en plus clairement que dans le grand mouvement qui emporte le monde, devant l'énorme puissance des États-Unis, celle grandissante de l'Union Soviétique, celle renaissante des continentaux, celle nouvelle de la Chine, et compte tenu des orientations de plus en plus centrifuges qui se font jour dans le Commonwealth, ses structures et ses habitudes dans ses activités, et même sa personnalité nationale, sont désormais en cause. Et au demeurant, les graves difficultés économiques, financières, monétaires avec lesquelles il est aux prises, le lui font sentir jour après jour. De là dans sa profondeur, une tendance à découvrir un cadre, fut-il européen, qui lui permettrait, qui l'aiderait à sauver, à sauvegarder sa propre substance, qui lui permette de jouer encore un rôle dirigeant et qui l'allège d'une part de son fardeau. Il n'y a rien là que de salutaire pour lui, et à échéance, il n'y a rien là que de satisfaisant pour l'Europe, à condition que le peuple anglais, comme ceux auxquels il souhaite se joindre, veuille et sache se contraindre lui-même aux changements fondamentaux qui seraient nécessaires pour qu'il s'établisse dans son propre équilibre. Car c'est une modification, une transformation radicale de la Grande Bretagne qui s'impose pour qu'elle puisse se joindre aux continentaux. [...] Mais pour que les îles britanniques puissent réellement s'amarrer au continent, c'est encore une très vaste et très profonde mutation qu'il s'agit. Tout dépend donc, non pas du tout d'une négociation qui serait pour les Six, une marche à l'abandon, sonnant le glas de leur communauté, mais bien de la volonté et de l'action du grand peuple anglais qui ferait de lui un des piliers de l'Europe européenne »[27].

Le message adressé à l'Angleterre, mais aussi aux cinq autres signataires du traité de Rome, ne pouvait être plus clair. Tant que le général de Gaulle sera au pouvoir, c'est l'immobilisme qui prévaudra, pour le bien d'une communauté qui doit tout d'abord apprendre à bien vivre ensemble. Mais des voix commencent à s'élever, de plus en plus. La France agit selon ses certitudes mais isole le reste de la Communauté, ce qui est fort préjudiciable aux yeux de tous, et notamment de l'Allemagne. De Gaulle en est conscient, et termine d'ailleurs son allocution d'une manière assez remarquable :

« On m'a demandé ce que ce serait l'après gaullisme. Eh bien, c'est par là que nous allons terminer. Tout a toujours une fin et chacun se termine. Pour le moment ce n'est pas le cas. De toute façon, après de Gaulle, ce peut être ce soir ou dans six mois ou dans un an. Ça peut être dans cinq ans puisque c'est là le terme de ce que fixe la constitution au mandat qui m'est confié. Mais, si je voulais faire rire quelques uns ou en faire grogner d'autres, je dirais que cela peut encore durer 10 ans, 15 ans »[28].

Mais la grogne à laquelle fait référence le président français ne va plus durer très longtemps, juste dix-sept mois, pendant lesquels le général ne pourra pas empêcher sa chute.

---

[27] De Gaulle. Conférence de presse du 27 novembre 1967, *op. cit.*
[28] *Ibid.*

De l'impossibilité d'un dialogue constructeur

Face à l'intransigeance française, Kiesinger comprend très vite que le dialogue qu'il souhaite est impossible. Selon lui, le général se laisse trop souvent guider par ses sentiments. Rechercher le développement de la France est une chose, mais bloquer celui de l'Europe et de l'Allemagne en particulier en est une autre. Outre-Rhin, on est presque unanime sur ce point, le président français se révèle être un handicap. Arrogante, son attitude exaspère la RFA, à la fois son monde politique et son opinion publique. Le général, acclamé quelques années plus tôt, est désormais décrié et sa politique devient un obstacle majeur à la construction de l'Europe. Et même les Allemands, il y a peu de temps encore convaincus par la position française, affichent une grande désillusion, dont le secrétaire d'État auprès du chancelier, Karl von Guttenberg, qui dénonce l'attitude solitaire du général de Gaulle dans le dossier européen : « Le général de Gaulle attribue à la France un rôle que seule une Europe unie pourrait assumer. »[29] Quant au conseiller éminent Horst Osterheld, celui-ci se plaint du fait que le président n'informe jamais Bonn avant ses conférences de presse, pourtant censées définir les grandes lignes d'une politique bilatérale[30].

[29] von Guttenberf, Karl, cité dans Schoenborn, *op. cit.*, p.85

[30] Osterheld, Horst, cité dans Schoenborn, *op. cit.*

La France, l'Allemagne, les États-Unis et l'Union soviétique

En août 1967, Kiesinger confirme la politique étrangère allemande sous Erhard, épaulé par son ministre des Affaires étrangères Willy Brandt, et affiche publiquement son désaccord avec la politique étrangère de la France. De façon particulière, c'est l'attitude du général vis-à-vis de l'URSS que l'on juge dangereuse. Depuis 1963, le gouvernement français avait marqué sa volonté d'un réchauffement des relations diplomatiques avec l'Union soviétique. Et les visites officielles du ministre des Affaires étrangères français Maurice Couve de Murville au Kremlin, ainsi que celles de son homologue russe Andreï Gromyko à Paris dès 1965, allaient dans ce sens. En juin 1966, le général de Gaulle avait réalisé un voyage triomphal en URSS, lors duquel des accords commerciaux, économiques, techniques et scientifiques avaient été signés. De plus, l'Union soviétique avait accepté l'idée d'un « télétype rouge » reliant directement l'Élysée à Moscou. En Allemagne, ce que l'on appelle alors le « flirt Paris-Moscou » dérange et inquiète. Pour de Gaulle, en plus de bons rapports avec les Russes, il est également nécessaire de nouer des liens directs avec les grandes capitales d'Europe de l'Est sous contrôle soviétique au travers d'accords, là encore commerciaux, culturels, technologiques et politiques. Ceci en prenant soin de toujours condamner publiquement la domination russe. C'est d'ailleurs ce qu'il fera en Pologne en septembre 1967, ou en Roumanie quelques mois plus tard. Le président français sait très bien qu'après la libération du joug soviétique, la perspective de créer une Europe forte, indépendante, unie « de l'Atlantique à l'Oural », serait encore plus grande. Un espoir qui se brisera lors de la répression du « printemps de Prague », le 20 août 1968.

À l'été 1968, la Tchécoslovaquie est envahie par les troupes du pacte de Varsovie. Depuis 1967, sous l'égide d'Alexander Dubcek et de son gouvernement réformateur, le pays avait entrepris la voie du changement. Un changement tellement positif que les hommes politiques allemands s'y étaient succédé pour offrir leur aide, sous différentes formes. En mars 1968, Prague vit ainsi dans l'euphorie de ce que l'on appelle désormais le « socialisme à visage humain ». Un « changement de cap » qui inquiète Walter Ulbricht, le président de la RDA, et qui a pour conséquence l'intervention militaire soviétique. Du côté de l'Allemagne de l'Ouest, on perçoit très clairement le danger. Kiesinger attend alors une réaction de de Gaulle, avec une coordination occidentale pour lutter contre l'URSS et un arrêt de la politique française d'ouverture à l'Est. Dans une conférence de presse, le général déplore « un malheur qui succède à un autre malheur »[31]. Pour lui, « il n'y a pas d'idéologie qui puisse justifier une situation aussi artificielle et aussi dangereuse »[32]. Depuis Bonn, on trouve l'intervention beaucoup trop légère. À présent, c'est indéniable, l'espoir de voir s'opérer un changement de la politique française envers Moscou est vain. Les relations se compliquent encore un peu plus. Dès lors, et peu de temps avant une nouvelle visite du président français en République fédérale, les 27 et 28 septembre 1968, on multiplie les déclarations chocs et autres menaces depuis le Bundestag.

---

[31] De Gaulle (Charles). Conférence de presse du 11 septembre 1968. [Enregistrement vidéo]. In : Fresques INA [Format streaming, 2 min, 38 sec]. Disponible sur : < http://fresques.ina.fr/de-gaulle/fiche-media/Gaulle00145/conference-de-presse-du-11-septembre-1968.html>. (Consulté le 12/02/2017).

[32] *Ibid.*

Pour Helmut Schmidt : « Il est possible que la France ne marche pas avec les autres dans l'étude de la situation et des conséquences à en tirer. Dans un tel cas, la sécurité de notre pays et la sécurité de nos partenaires nous obligeront à prendre des décisions même sans la participation française. »[33] Pour Willy Brandt : « Nous serions profondément désolés qu'un jour il nous faille prendre des initiatives sans la France. Mais personne ne peut désirer que nous continuions à marquer le pas ou à tourner en rond sans faire avancer l'Europe. »[34] En cette fin d'année 1968, le désamour est profond en Allemagne. Et la crise financière qui frappera la France deux mois plus tard ne fera que le confirmer.

---

[33] Schmidt, Helmut, cité dans Binoche, *op. cit.*, p. 122.

[34] Brandt, Willy, cité dans Binoche, *op. cit.*

La crise financière de novembre 1968

En novembre 1968, la France est touchée par la crise monétaire internationale. C'est une crise qui met en évidence à la fois l'émergence de la RFA et de sa monnaie, le mark, comme nouvelle grande puissance économique, et la faiblesse de la France qui vit là les conséquences d'une inactivité économique et commerciale causée par les événements de mai 1968. Le franc est le plus touché et subit une décote sur toutes les places financières. Les Français craignent le pire, si bien qu'ils commencent même à spéculer contre leur propre monnaie et franchissent la frontière allemande pour changer leurs francs en marks, avant une dévaluation que l'on pense hautement probable. Pour la première fois, l'Allemagne est en position de force. Pour elle, la France paie maintenant la note de son obstruction systématique au bon développement du projet européen. Et si dévaluation il y a, la RFA pourrait ainsi profiter de la situation et exiger des concessions concernant les questions européennes.

Du 20 au 22 novembre, une conférence est organisée entre les dix plus grandes puissances financières mondiales[35]. La présidence est assurée par Karl Schiller, ministre fédéral allemand de l'Économie, et Franz Josep Strauss, secrétaire d'État allemand aux Finances. Tous deux veulent pousser la France à dévaluer sa monnaie d'environ 12%. À Bonn, on y croit fermement. Et les films d'actualités sont encore là pour en témoigner[36]. Tout

---

[35] Schoenborn, *op. cit.*, p. 117.

[36] Die Zeit unter der Lupe 983/1968. [Enregistrement vidéo]. In : Das Bundesarchiv [Format streaming, 8 min, 58 sec]. Disponible sur : <https://www.filmothek.bundesarchiv.de/video/586879?q=&xf%5B0%5D=Keywords&xo%5B0%5D=EQUALS&xv%5B0%5D=Photographer>. (Consulté le 12/02/2017).

sourire, Schiller et Strauss apparaissent particulièrement détendus. La situation est en leur faveur, et clairement, il faut saisir l'occasion et précipiter le général dans sa chute. À l'entrée de la conférence, quelques dizaines d'Allemands manifestent : « Ne cédez pas au chantage ! » (« Laasst Euch Nicht Erpressen ! »), pouvons-nous lire sur l'une des pancartes. Une fois la réunion terminée, Karl Schiller sort, toujours tout souriant, et annonce l'ouverture d'un crédit d'appui à la France et la dévaluation du franc de 9%. Pour les médias allemands, « la leçon est rude pour le général de Gaulle », lui qui était si fier de sa monnaie nationale, « l'une des plus fortes du monde ». Pour le *Bild-Zeitung*, « maintenant, les Allemands sont numéro 1 en Europe »[37]. Pour le *Stuttgarter Zeitung*, « le centre de gravité de l'Europe occidentale s'est déplacé de Paris vers Bonn »[38]. Mais, alors que tous pensaient à une résignation de la France, le général de Gaulle annonce le 23 novembre, au travers d'un simple communiqué, qu'il refuse la dévaluation. Un véritable coup de massue en Allemagne. Officiellement, on cherche à calmer le jeu, à l'image de Willy Brandt qui déclare à la radio que la RFA n'est pas « animée par une soif de puissance » et que penser le contraire entraverait « la coordination européenne »[39]. Ou comme le chancelier Kiesinger, devant le Bundestag : « Nous ne voulons plus parler en termes de rivalités entre nations européennes, et les concepts périmés d'hégémonie ne comptent plus pour nous. »[40] Mais les faits sont là, et les médias n'oublient pas de le rappeler : « Si cela n'était pas si triste, on pourrait rire de la manière dont Karl Schiller et le porte-parole du gouvernement fédéral se sont dépêchés, après la décision solitaire du

[37] Binoche, *op.cit.*, pp. 124-126
[38] *Ibid.*
[39] Brandt, cité dans Binoche, *op. cit.*
[40] Kiesinger, cité dans Binoche, *op. cit.*

général de Gaulle, de tout minimiser et de prétendre que la nouvelle venue de Paris était attendue. On ne voulait pas reconnaître qu'il n'en était plus rien de la grande victoire, pas plus politiquement qu'économiquement. »[41] Ce rebondissement, ou ce sursaut de la France ne peut faire oublier l'essentiel : de Gaulle est désormais affaibli, à la fois sur la scène nationale et sur la scène européenne. Sentant cela, les Britanniques voient là l'opportunité d'achever le général. L'adhésion du Royaume-Uni à la CEE ne dépendait finalement que de lui, et au vu des relations très tendues entre les deux parties, l'on savait très bien à quel point la tâche serait difficile. À moins d'un changement dans les rapports franco-allemands.

En février 1969, c'est le moment ou jamais, juge-t-on du côté du *Foreign Office*, pour l'affaiblir encore plus et l'isoler de manière irrémédiable vis-à-vis de Kiesinger et de ses autres homologues européens. Dans cette optique, on décide de modifier les comptes-rendus des discussions entre de Gaulle et l'ambassadeur anglais à Paris, Christopher Soames. À l'insu de ce dernier, on fait dire au président français qu'il souhaite mettre en place un « directoire sur l'Europe ». Envoyés à la chancellerie puis en France, les rapports fuitent également dans la presse européenne. Une nouvelle crise est sur le point d'éclater, mais rapidement, on apprend comment les propos du général ont été déformés. L'affaire est éventée. De Gaulle préfère en rire, alors que pour son ministre des Affaires étrangères, Michel Debré, c'est l'honneur de toute une nation qui a été perdu[42]. Mais, ce que les Britanniques et les cinq autres membres de la Communauté avaient espéré est sur le point d'arriver. En avril 1969, le référendum

[41] Binoche, *op. cit.*

[42] À propos de l'affaire Soames, voir l'ouvrage de Claire Senderson, *Perfide Albion ? L'affaire Soames et les arcanes de la diplomatie britannique*. Paris, Publications de la Sorbonne, 2011, 239 p.

marquera la chute du général. La fin d'un règne mais aussi d'une époque. De Gaulle a mis sa légitimité de gouverner dans les mains du peuple français, et la réponse est sans équivoque. Outre-Rhin, on est loin de le regretter. Le 27 avril 1969, le journaliste Georg Schröder écrit, dans le journal *Die Welt* : « L'irritation d'à peu près tous les hommes politiques allemands à l'égard de la politique extérieure et surtout de la politique de de Gaulle était trop forte. Trop de couleuvres ont été silencieusement avalées dans l'intérêt de la réconciliation des deux peuples, pour que certains n'éprouvent pas maintenant la sensation de mieux respirer. »[43] Pour Willy Brandt, c'est une « grande satisfaction » et un horizon plein d'espoir pour la politique européenne [44]. Enfin, *Die Welt* note, le 30 avril, que Valéry Giscard d'Estaing, ancien ministre de l'Économie et des Finances de de Gaulle, demande « une politique européenne plus active » et un futur président beaucoup plus ouvert « en ce qui concerne l'Europe »[45]. Une ouverture de l'Europe, voilà ce à quoi va désormais s'atteler le nouveau couple franco-allemand Pompidou-Brandt.

---

43 Binoche, *op. cit.*, p. 129-130.

44 *Ibid.*

45 *Ibid.*

Georges Pompidou et Willy Brandt : l’entente nécessaire

Les 1er et 2 décembre 1969, a lieu le sommet des chefs d’État et de gouvernement de la CEE, à La Haye. Willy Brandt, nouveau chancelier fédéral, et Georges Pompidou, successeur du général de Gaulle, font tous deux un discours rassembleur. Mais, plus particulièrement, c’est celui de Brandt qui attire toute l’attention. Ainsi pointe-t-il du doigt la stagnation des dernières années, dont il faut absolument sortir. En cette fin des années 1960, l’Europe est en crise. Pour Brandt, la Communauté doit se concentrer sur les problèmes importants, dans l’unité la plus totale. Et le point le plus urgent à régler est bien entendu celui de l’élargissement de la CEE.

« [...] le Parlement et l'opinion publique de mon pays attendent de moi que je ne rentre pas de cette conférence sans arrangements concrets dans la question de l'élargissement de la Communauté. Cette question nous occupe depuis des années. Elle appartient, en vertu du Traité, aux questions fondamentales de notre Communauté et il n'était écrit nulle part que nous ne pourrions envisager ce thème qu'après la période transitoire. La position allemande est bien connue depuis des années. Je suis d'avis que nous ne pouvons pas différer plus longtemps ce thème. Premièrement, l'expérience a montré que le retard apporté à l'élargissement risque de paralyser la Communauté. En second lieu, il répond aux intérêts communs que la Communauté s'élargisse à une époque où nous nous efforçons de réaliser un rapprochement Est-Ouest. En troisième lieu, la Communauté doit déborder le cadre des Six si elle veut s'affirmer dans le domaine économique et technologique à côté des géants, et assumer sa responsabilité sur le plan politique mondial. Je n'hésite pas à ajouter un quatrième argument: celui qui craint que le poids de l'économie de la République fédérale d'Allemagne puisse affecter l'équilibre à l'intérieur de la Communauté, devrait aussi, pour cette raison même, être favorable à son élargissement. En tout cas, je tiens à affirmer ceci: sans l'Angleterre et les autres États qui sont prêts à adhérer à la Communauté, notre Europe ne peut pas devenir ce qu'elle doit et ce qu'elle peut être. A la suite des discussions préalables à cette conférence, j'ai l'impression que nous sommes, en principe, d'accord en ce qui concerne l'élargissement, et nous ne saurions sous-estimer ce fait. Je voudrais, en l'occurrence, m'adresser tout spécialement au président de la République française: si, aujourd'hui, la France répond à notre volonté clairement exprimée d'achever et de développer la Communauté avec la confiance que réclame son élargissement, nous aurons alors tout lieu de nous réjouir et d'applaudir. Au-delà du principe même, nous sommes d'accord pour dire que les États candidats auraient à accepter les Traités, les buts des Traités et les réglementations communautaires existantes. Nous sommes aussi d'accord pour dire que les lignes directrices du développement ultérieur, qui devraient être fixées par nous, devront être soumises aux pays candidats. Celles-ci devraient aussi être acceptées par les pays candidats, après qu'elles auront été concrétisées en décisions ayant forme légale. Une telle procédure permettra — j'attache de l'importance à le constater — de mener le développement et les négociations d'adhésion parallèlement, de façon à ce qu'aucun des deux processus ne retarde l'autre, mais qu'ils se soutiennent de façon optimale. Ainsi, les positions de départ des négociations sont suffisamment préparées pour que rien n'entrave plus, à bref délai, leur fixation définitive. Je propose donc de faire savoir aux pays candidats que nous estimons possible de commencer les négociations au printemps 1970. Nous devrions prendre, au cours des négociations, les décisions nécessaires à cet effet concernant les desiderata d'adaptation et de transition des pays candidats, et présenter ces décisions à nos partenaires comme une position de la Communauté. Souvent, on ne parle que de l'Angleterre, mais cela ne doit pas être interprété comme si nous négligions les autres pays candidats[46] ».

Chacun est conscient que rien ne se fera sans un accord entre une France qui sort de l'ère du général de Gaulle et une Allemagne qui bénéficie d'un nouveau statut en Europe. Mais, Georges Pompidou révèle une disposition toute particulière à négocier sur un nouvel agenda européen. Et lors du sommet de décembre 1969, à la surprise des autres chefs d'État, Willy Brandt soumet un programme complet pour un « renforcement des institutions européennes » et la création d'une union économique et monétaire[47]. Le 30 juin 1970, à Luxembourg, s'ouvrent les négociations aux pays demandeurs d'adhésion à la CEE. Brandt et son ministre des Affaires étrangères, Walter Scheel, y jouent un rôle important, même s'ils veillent à ce que ce soit Pompidou qui mène les négociations. Il ne faut pas donner l'impression que la RFA cherche à prendre le *leadership* en Europe. Ainsi, le chancelier allemand entreprend un rôle de médiateur entre les deux parties et organise notamment une rencontre entre le président français et Edward Heath, en mai 1971. Le mois suivant, les négociations s'engagent de façon encourageante sur la

[46] *Bulletin des Communautés européennes*. Février 1970, n°2. Luxembourg : Office des publications officielles des Communautés européennes. « Déclaration de Willy Brandt », p. 37-45.
[47] *Ibid.*

voie du succès. Willy Brandt ne manque pas de féliciter Georges Pompidou, louant ses grandes qualités mais aussi celles du gouvernement fédéral.

Pourtant, les relations franco-allemandes n'ont rien d'amical. Entre 1969 et 1974, nous ne serons d'ailleurs pas dans des rapports semblables à ceux qu'avait entretenus le général de Gaulle avec Konrad Adenauer. Il est même question ici de relations difficiles, de « courant qui ne passe pas » entre la France autrefois dominante et la RFA qui jouit désormais d'un nouveau statut qui inquiète le président français.

Derrière cette « entente », les motivations françaises dans le dossier anglais sont quelque peu différentes de celles de la RFA. Tout d'abord, le nouveau rapport de force au sein du couple fait penser à Pompidou que l'axe franco-allemand n'est plus utile, ni prioritaire, mais désormais secondaire. L'élargissement est donc envisagé comme un moyen d'équilibrer la puissance de l'Allemagne en Europe par l'entrée du Royaume-Uni. Mais, c'est aussi un moyen d'anticiper la nouvelle politique allemande vis-à-vis de l'URSS, celle que Bonn nomme alors l'*Ostpolitik*. Grande œuvre de Willy Brandt, l'*Ostpolitik* consiste en un dialogue avec l'Union soviétique et ses satellites, dans le but de réduire les tensions existantes. Il est le premier chancelier fédéral à opérer un rapprochement avec l'Allemagne de l'Est, en rupture totale avec la politique extérieure allemande des vingt dernières années. Pour l'unification de l'Europe, il veut pratiquer ce qu'il nomme la « politique des petits pas », le « changement par le rapprochement »[48]. L'Europe doit être forte, indépendante au sein de l'alliance qu'elle forme avec les États-Unis, et vis-à-vis de l'URSS. C'est une unification européenne qui a une dimension

---

48 Schröder, Gerhard, *Ma vie et la politique*. Paris, Odile Jacob, 2006, pp. 58-59.

paneuropéenne. Le processus d'intégration doit être engagé malgré les blocus et les échecs persistants. Brandt l'a souvent répété, son *Ostpolitik* commence à l'Ouest et n'est que « la composante orientale du projet européen »[49]. Cette rupture ne plaît pas à Pompidou, même si, officiellement, il la soutient. Craignant un rapprochement avec l'URSS, le Royaume-Uni permettrait à la France de ne pas se retrouver « seule » avec les Allemands. Une crainte infondée, comme le décrit si bien l'historienne et biographe de Willy Brandt, Hélène Miard-Delacroix, pour qui le chancelier n'aura pas usurpé son titre de prix Nobel de la paix en 1971 :

« On a prétendu que Brandt aurait cherché à obtenir la bénédiction des Alliés occidentaux pour sa politique à Est en donnant des gages de bonne conduite à l'Ouest. Ce type d'analyse révèle surtout la méfiance qu'a provoquée le choix ouest-allemand de prendre en main ses relations avec ses voisins d'Europe centrale. Or la cohérence de la politique de Brandt à l'Est et à l'Ouest est évidente […] si l'on écoute bien les déclarations de Brandt : après avoir affirmé dans son discours de politique générale d'octobre 1969 vouloir que les Allemands soient « un peuple de bons voisins à l'intérieur et à l'extérieur », il précise dans les mois suivants que « l'Ostpolitik commence à l'Ouest » et, comme il l'écrit à Pompidou, que l'Ostpolitik n'est que « la composante orientale de la politique européenne ». Depuis la fin de la guerre il a plaidé pour la construction européenne, parlant des États-Unis d'Europe dès 1939, bien avant que Monnet et Schuman lancent en 1950 leur

[49] Raus, Rachèle, « L' Ostpolitik de Willy Brandt et la construction européenne », dans CVCE.EU [en ligne], https://www.cvce.eu/content/publication/2004/7/12/076ebcb2-853c-488a-8a68-4432a35028c9/publishable_fr.pdf (consulté le 17 janvier 2017).

offensive en faveur d'une mise en commun des productions de charbon et d'acier. À cette époque Brandt a été ouvertement à contre-courant de son parti le SPD, alors très hostile à la construction de cette Europe à l'Ouest. Si avec le temps, Brandt s'est éloigné de l'idée d'États-Unis d'Europe au sens littéral il est resté convaincu de l'indispensable construction comme facteur de paix et de prospérité[50] ».

---

[50] Miard-Delacroix (Hélène), « Willy Brandt : « Beaucoup d'Allemands ont vu en lui ce qu'ils auraient peut-être préféré être » », dans SauvonsL'Europe.eu [en ligne], http://sauvonsleurope.eu/willy-brandt-beaucoup-dallemands-ont-vu-en-lui-ce-quils-auraient-peut-etre-prefere-etre/ (consulté le 18 février 2017).
Voir aussi la biographie de Willy Brandt :
Miard-Delacroix, Hélène, *Willy brandt*, Fayard, Paris, 2013.

Enfin !

En 1971, les négociations entre la France, l'Allemagne et la Grande-Bretagne sont bien engagées, et la demande officielle d'adhésion est formulée le 23 juin. Européiste convaincu, défenseur à l'époque du plan Schuman puis de la CECA, et en charge des négociations avec les Six de 1961 à 1963 dans le cabinet Wilson, Edward Heath sait l'enjeu important. Tout comme le sait une grande partie du monde politique, conservateurs, travaillistes et libéraux confondus. La crise interminable qui continue de s'abattre sur le pays ainsi que l'étiolement des rapports avec les États-Unis ont rendu les choses beaucoup plus claires. En ce début de décennie, c'est l'Europe ou l'isolement. Sauf pour la population britannique à l'engouement refroidi, qui s'interroge après les deux premiers revers encaissés sous l'administration de Gaulle-Adenauer. Mais Heath en est intimement convaincu et accepte les prérequis que constituent les acquis communautaires, dont la Politique agricole commune. Dès lors, en cas de succès de la candidature anglaise, terminée la politique d'approvisionnement avec le Commonwealth. En tant que nouveau membre de la CEE, la Grande-Bretagne deviendrait aussi l'un des plus importants contributeurs de la PAC, ce qui sera d'ailleurs la source d'un double problème quelques années plus tard. En signant les conditions d'entrée, le Royaume-Uni accepterait de se soumettre à la règle exclusive du Marché commun, sous peine d'être assujetti à une taxe sur ses importations agricoles, hors Europe. Autre point important, et souvenons-nous des propos de Russel Bretherthon à Rome, le pays n'est pas du tout une terre d'agriculture. Les financements que les Britanniques fourniraient se feraient donc à pertes, au profit des véritables terres que sont la France, l'Allemagne et l'Italie. Malgré tout, ceci ne doit en aucun cas constituer un frein à une entrée dans une communauté toujours aussi prospère. Pas même le projet d'union économique et monétaire (UEM) – autre future source de problème avec la PAC, nous le verrons – dans lequel la Grande-Bretagne serait engagée *de facto*, comme tous les autres membres.

Avec tant de bonne volonté, un accord est conclu en juin 1972. Georges Pompidou, soucieux de s'assurer de l'accord des Français quant à l'élargissement de la Communauté, organise un référendum. 68% des votants se prononcent « pour » l'entrée de la Grande-Bretagne, avec un taux d'abstention approchant les 40%. Le 1er janvier 1973, avec le Danemark et l'Irlande, l'Europe se renforce. Avec un couple franco-allemand on ne peut plus aux commandes.

Discours de bienvenue prononcé par Georges Pompidou le 22 janvier 1973, pour le 10e Anniversaire du traité de l'Élysée

« [...] Le général de Gaulle et le chancelier Adenauer, tous deux sont morts. Mais d'autres ont repris le flambeau et c'est à nous aujourd'hui qu'il appartient de continuer leur œuvre. Sur le plan de nos rapports bilatéraux, nous y sommes, vous et moi, parfaitement décidés et je suis convaincu que les entretiens que nous allons avoir le démontreront une fois encore. S'agissant de la construction européenne et de la politique générale, beaucoup d'événements se sont produits, notamment en 1972, qui ont modifié les données de notre action. Je pense à l'élargissement de la Communauté, [...] à la sage politique qui a transformé vos relations avec l'Est européen et permis de nouveaux progrès dans la voie de la détente [...] Mais je reste convaincu que l'entente entre la France et l'Allemagne est plus que jamais capitale. Elle est indispensable à tous progrès sur la voie de l'Union européenne, elle conditionne largement la stabilité de notre continent et le développement de la coopération entre tous les pays d'un bout à l'autre de l'Europe[51] ».

[51] Pompidou (George). [Allocution de bienvenue adressée par le président George Pompidou au chancelier Willy Brandt (Paris, 22 janvier 1973)]. [en ligne]. Consulté le 17 mars 2017. Disponible sur http://www.france-allemagne.fr/IMG/pdf/70615Sommet22Jan1973Bis.pdf.

Deuxième partie

POUR ÉVITER L'IMMOBILISME

1974 et déjà, le Brexit

Après tant d'années et de déconvenues, le Royaume-Uni est maintenant européen. Mais à peine a-t-il rejoint la famille européenne que le nouvel adhérent veut faire entendre sa différence. Un an après son adhésion et sous l'égide de son nouveau Premier ministre travailliste Harold Wilson, le Royaume-Uni demande en effet à en renégocier les termes. Principalement, c'est la Politique agricole commune qui pose problème, jugée beaucoup trop coûteuse et injuste pour le pays. Pourtant européiste en 1967, Harold Wilson avait fait campagne contre Ted Heath en février 1974 avec le slogan populaire « *NO ENTRY ON TORY TERMS* », notamment influencé par la partie très à gauche du *Labour*, courant eurosceptique fort influent dans les années 1970, pour qui la CEE n'était ni plus ni moins qu'une union de pays qui privilégiaient les politiques libérales et pas socialistes. Ainsi réclame-t-il une baisse des tarifs agricoles, un plan d'aide pour les régions industrielles sinistrées, une prise en compte plus juste des intérêts du Commonwealth et une révision de la contribution du pays au budget de la Communauté. Tant de concessions particulières pour un membre qui se sait particulier et qui compte aussi donner la responsabilité à son peuple de se prononcer quant à son avenir européen lors de la tenue d'un référendum. En 1974, la menace d'un Brexit est déjà d'actualité.

La France et l'Allemagne sont particulièrement réticentes à l'idée de devoir engager des « renégociations ». Le comportement britannique est incompréhensible et complique passablement les choses. En intégrant le Marché commun et en signant à proprement parler ses conditions d'adhésion, le Royaume-Uni avait accepté la Communauté en l'état, « en pleine connaissance de cause ». C'est ce que déclare Michel Jobert, le ministre des Affaires étrangères français, le 1er avril 1974 :

« [...] Les ignorer reviendrait à fausser le sens de la construction européenne, à faire marche arrière, en bref, à renier nos engagements et la volonté que nous avons clairement exprimée. [...] Un tel exercice ne serait pas acceptable s'il devait impliquer une remise en cause, même virtuelle, de nos orientations communes; je ne pourrais, tout au moins pour ma part, envisager de m'y prêter[52] ».

La presse française et allemande adopte la même posture, sous une tonalité différente. Ou plutôt, on comprend très bien ce qui se passe. Le 3 avril 1974, le *Frankfurter Allgemeine Zeitung* fustige la demande britannique et déclare qu'il faut « montrer les limites à Wilson »[53]. Le même jour, *Le Monde* titre : « Rome : hélas, de Gaulle avait raison ! » :

« Pour M. Aldo Moro, chef de la diplomatie italienne, «il n'est pas question de renégocier les traités de Rome, il s'agit de les respecter ». De Gaulle avait donc raison, et la Grande-Bretagne, une fois de plus, choisit le grand large. [...] Quelles que soient les réserves sur la personnalité du général de Gaulle et sa politique européenne, on s'aperçoit à Rome que les États de la Communauté ont eu tort de ne pas prendre son avertissement au sérieux[54] ».

---

[52] ©Dila, La Documentation Française, La politique étrangère de la France. Textes et documents. dir. de publ. Ministère des Affaires étrangères. 1er semestre 1974-Novembre 1974.

[53] Gillessen, Günter, « Wilson die Grenzen zeigen », in *Frankfurter Allgemeine Zeitung*. Zeitung für Deutschland. Frankfurt/Main: FAZ Verlag GmbH. 03.04.1974, n°79, p. 1.

[54] *Le Monde*, « Rome : hélas ! De Gaulle avait raison », 3 avril 1974.

Mais pour Harold Wilson, c'est là un enjeu beaucoup plus personnel. Le Premier ministre ne souhaite pas une sortie de l'Europe et sait le pari du référendum peu risqué en cas d'accord avec les huit autres membres. Il sait aussi la peur du couple franco-allemand de voir la Communauté de nouveau à l'arrêt. Il mise donc sur un succès relatif dans les négociations, qui lui assurerait à coup sûr la victoire lors des élections générales d'octobre.

Et la stratégie s'avère gagnante. Face à la menace d'un immobilisme préjudiciable au bon développement du projet communautaire, le couple franco-allemand s'engage notamment dans la création d'un Fonds européen de développement économique et régional (le FEDER) qui financerait des programmes de développement local afin de réduire les déséquilibres régionaux et d'enrayer le déclin des grandes régions industrielles pour les États membres qui en ont le plus besoin. Est également mis en place le « mécanisme correcteur » pour la contribution budgétaire d'un État membre dont la situation serait jugée inacceptable. Deux engagements majeurs dont le Royaume-Uni serait largement bénéficiaire.

Les propositions de Bruxelles sont jugées satisfaisantes par Wilson qui, comme prévu, convoque un référendum et se prononce pour le maintien du pays dans la CEE, contrairement à la majorité de son gouvernement qui veut en sortir. Le parti conservateur, quant à lui, suit le Premier ministre, en grande partie. La campagne s'engage et un courant regroupant eurosceptiques de gauche et de droite s'affirme, à l'image des deux grandes figures politiques que sont le *tory* Enoch Powell et le *labour* Tony Benn, alors secrétaire à l'industrie. Tous deux dénoncent une communauté aux principes de fonctionnement à la fois intrinsèquement différents de ceux du modèle anglais et surtout antidémocratiques. Car il ne s'agit plus d'accepter ou non l'offre des autres membres, mais bien de rejeter une coalition européenne dangereuse pour la nation. Ceci, Tony Benn l'exprime dans une lettre publiée le 18 janvier 1975 dans le magazine hebdomadaire conservateur *The Spectator* :

« En 1975, chacun d'entre vous aura la responsabilité de décider par le vote si le Royaume-Uni doit rester membre du Marché commun européen ou s'il doit se retirer complètement, et demeurer une nation indépendante et autonome. Cette décision, une fois prise, sera sûrement à n'en point douter irréversible. [...] Mais nous devons reconnaître le fait que la Communauté européenne s'est maintenant fixé les objectifs de développement d'une politique étrangère commune, une forme de nationalité commune exprimée par un passeport commun, une assemblée directement élue ainsi qu'une union économique et monétaire qui, toutes ensemble, transformeraient le Royaume-Uni en une province d'un État européen occidental. Continuer à être membre de la Communauté signifierait la fin de la Grande-Bretagne en tant que nation indépendante et autonome et la fin de notre Parlement élu démocratiquement en tant qu'organe suprême de décision politique du Royaume-Uni. »[55]

Au milieu de la campagne pro-Europe du Premier ministre, Tony Benn bénéficie d'un traitement de faveur particulier de la part des tabloïds – on le surnomme le « ministre de la Peur ». Car eux aussi – et la chose est assez remarquable pour être notifiée – se sont pris

---

[55] Benn (Tony), "Anthony Wedgwood Benn on the Common Market", archive.spectator.co.uk, 18 janvier 1975.
[Article consulté le 10 mars 2017],
http://archive.spectator.co.uk/article/18th-january-1975/5/anthony-wedgwood-benn-on-the-common-market.
© The Spectator

d'engouement pour le projet communautaire. D'ailleurs, il est amusant de voir que les eurosceptiques d'aujourd'hui, ceux qui ont fait campagne pour la sortie de l'Union européenne en 2016, sont ceux qui ont fait campagne de façon passionnée en 1975 : le *Daily Mail*, *The Sun*, *the Times*, *the Financial Times*, *the Guardian* et le *Daily Mirror,* pour ne citer qu'eux. Wilson trouve là la meilleure des propagandes. Le *Daily Mail*, par exemple, met en garde ses lecteurs, le jour du vote, sur les conséquences alarmantes d'une sortie de la CEE, avec le titre suivant : « Un jour dans la vie du Siège de la Grande-Bretagne : PAS DE CAFÉ, PAS DE VIN, PAS DE HARICOTS NI DE BANANES, JUSQU'À NOUVEL ORDRE. »[56] Pour le *Mirror*, c'est « un vote pour le futur », « le jour le plus important depuis la fin de la guerre »[57]. Quant au *Sun*, il faut voter « Oui pour un futur ensemble, Non pour un futur tout seul »[58].

Le 5 juin 1975, c'est maintenant « l'heure du choix »[59]. Les Anglais doivent répondre à cette question : « Pensez-vous que le Royaume-Uni doive rester dans la Communauté européenne (le Marché commun) ? ». 17,3 millions de personnes votent « OUI », soit 67,2% des votants, contre 8,4 millions de « NON », ou 32,8% des suffrages exprimés. Une adhésion populaire très forte si

---

[56] Greenslade (Roy), "Did national papers' pro-European bias in 1975 affect the referendum?", theguardian.com, 4 février 2016. [Article consulté le 19 mars 2017] https://www.theguardian.com/media/greenslade/2016/feb/04/did-national-papers-pro-european-bias-in-1975-affect-the-referendum.

[57] *Ibid.*

[58] *Ibid.*

[59] L'Angleterre à l'heure du choix. [Enregistrement vidéo]. In : Gaumont Pathé Archives [Format streaming, 05 min, 55 sec]. Disponible sur : <http://www.gaumontpathearchives.com/index.php?urlaction=doc&id_doc=220172&rang=10>. (Consulté le 12/01/2017).

l'on compare le résultat de ce référendum avec un sondage Harris publié en mai 1971, au moment de la troisième demande d'adhésion. À cette époque, ce sont 62% des votes qui s'étaient exprimés contre l'entrée du pays dans le *Common Market*[60]. En l'espace de quatre années, on a ainsi assisté à une inversion significative du rapport des Anglais à l'Europe. Mais les partisans du « non », menés par Enoch Powell, ne désarment pas pour autant. Le soir des résultats, le *MP* (ou membre du Parlement) souverainiste échange avec Robin Day, célèbre journaliste politique. Lorsque ce dernier lui demande si, malgré ce résultat sans appel, il va continuer le combat, Powell lui répond :

« Mais bien sûr. C'est comme en septembre 1938. En septembre, octobre 1938, je suis sûr que si Neville Chamberlain avait appelé le pays aux urnes, il aurait poussé le pays à faire acte de sacrifice. Mais ces mêmes personnes, en l'espace de douze mois, quand elles ont vu ce qu'il se cachait derrière la façade, quand elles se sont confrontées aux réalités, elles se sont levées pour combattre, pour préserver notre nation, et c'est ce qu'il va se passer »

Day : « Vous êtes en train de nous dire que [ce référendum] est une sorte de Munich ? »

Powell : « Oui, c'est cela »

Day : « Je vois »

Powell : « Vous semblez surpris ! »

Day : « Et comment voyez-vous notre année 1940, quand nous serons seuls ? »

Powell : « Et bien, laissons-nous le temps d'avoir notre 1939 d'abord, lorsque nous nous rendrons compte que nous devrons combattre [...]. Et parce que le peuple britannique n'a pour l'instant toujours pas compris ce

[60] Greenslade, *op. cit.*

qu'impliquait réellement le fait de faire partie du Marché commun. Les Britanniques pensent encore qu'ils seront toujours une nation. Ils pensent encore qu'ils gouverneront, taxeront et légiférerons pour eux-seuls. Ils se trompent. Ce n'est pas de la faute de la plupart des pro-européens s'ils se trompent, mais la chose est là, aussi invraisemblable que cela puisse leur paraître. Et je ne vais pas non plus rejeter la faute sur eux outre mesure. Mais ils apprendront. »[61]

En ce jour jugé historique, le camp des eurosceptiques est loin de s'avouer vaincu. Et compte bien prendre de l'ampleur et occuper une place à part entière dans un débat qui ne fait que commencer. La caricature de Glan Williams, parue dans le *Sunday Express* et que l'on peut voir en couverture de cet ouvrage est particulièrement évocatrice. Ainsi, nous apercevons sir Oswald Mosley – fondateur du *British Union of Fascists*, pro-nazi avant la guerre, puis passé dans le camp pacifiste en 1940, et pro-européen en 1975 – devant un autre partisan du « YES » tenant une pancarte au nom des « SANS EMPLOI »[62]. Derrière, le *Manneken Pis*, symbole de Bruxelles, urine sur le drapeau britannique et sur les espoirs suscités par le « OUI ». Pour le caricaturiste, il n'y aura pas de lune de miel post-référendum. Et les mois qui suivront lui donneront raison. Très vite, le Royaume-Uni déchante. Les retombées économiques ne sont pas au rendez-vous, l'industrie allemande surclasse la britannique, et les Anglais ont la désagréable sensation d'avoir été trompés par un couple franco-allemand qui a conçu la CEE à son image. C'est dans ce contexte que Margaret Thatcher

---

[61] "Robin Day vs. Enoch Powell vs. others on the UK's membership of the EEC", You Tube video, 13:15, posted by "You Tube", June 6, 2015, https://www.youtube.com/watch?v=H4OWslOroaw.

[62] Williams, Glan, *The Spectator*, caricature.

prendra bientôt les commandes du pays, avec la ferme intention de le représenter comme il se doit sur la scène européenne, et d'y imposer une nouvelle vision.

De l'atlantiste James Callaghan à l'européiste Margaret Thatcher

Lorsque l'on parle du courant eurosceptique britannique, il est très souvent prononcé le nom de Margaret Thatcher. Et à juste titre. Personnalité historique du combat face à Bruxelles, l'ex-Premier ministre du parti conservateur deviendra légitimement, au fil des années, l'une des plus grandes références pour les opposants à l'Union européenne. Il est d'ailleurs très intéressant de voir, dans les mois qui ont précédé le Brexit en 2016, comment le camp du *LEAVE* a utilisé l'image de la Dame de fer comme « faire-valoir » officiel. Or, il convient de nuancer quelque peu cette récupération. En effet, elle fut une grande figure de l'opposition à la Communauté européenne, mais certainement pas une figure de la sortie de celle-ci. Tout au long de ses années au pouvoir, elle a combattu non pas l'Europe, mais une idée bien précise de l'Europe, en grande partie représentée par le Président de la Commission Jacques Delors. Un combat qui précipitera sa chute. De plus, il ne faut pas oublier qu'avant qu'elle ne réside au *10 Downing Street*, Margaret Thatcher était une européiste convaincue. Tellement convaincue qu'elle avait apporté son soutien à Harold Wilson au moment du référendum de 1975, et fait campagne pour le « YES ». Et quelle plus belle image pour illustrer sa foi européenne que cette photo où nous la voyons arborer fièrement un chandail sur lequel figurent les neuf drapeaux des États membres. En 2016, et de façon somme toute logique, les spéculations sont allées bon train. Qu'aurait-elle fait ? Quel camp aurait-elle soutenu ? D'aucuns s'accordent à dire qu'elle aurait choisi le camp du *REMAIN*, mais qu'elle aurait auparavant adopté un comportement beaucoup plus intransigeant que David Cameron dans les négociations. Jamais elle n'aurait brandi la menace d'une sortie de l'UE ; elle aurait plutôt tenté de faire valoir les droits nationaux avant tout, pour faire avancer le pays, mais aussi l'Europe dont elle avait une idée radicalement différente.

À la fin des années 1970, et malgré les deux Anglais sur trois qui se sont prononcés pour rester dans la Communauté, les rapports ne sont toujours pas idylliques. Et, manque de chance pour Londres, cette période marque la fin de ce qui avait constitué l'âge d'or de la CEE. Terminée la conjoncture économique exceptionnelle des Trente Glorieuses, l'Europe voit sa croissance stoppée net et connaît désormais la récession et le chômage. Une période trouble qui sera notamment marquée par l'échec du SME, ou Serpent monétaire européen, dispositif économique mis en place entre 1972 et 1978 qui visait la stabilisation monétaire au sein de la CEE par la limitation des fluctuations des taux de change entre ses membres. Il faudra attendre 1979, et le couple franco-allemand représenté par Valéry Giscard d'Estaing et Helmut Schmidt, pour sauver la zone économique européenne avec la création du Système monétaire européen, SME ou EMS (*Europe Monetary System*). Le but est alors de faciliter les échanges en faisant coopérer tous les pays membres en matière de taux de change et ainsi de limiter les fluctuations quotidiennes entre les différentes monnaies nationales. Cette entreprise commune apporterait aussi une stabilité des devises dont les marges de fluctuations se feraient autour d'un pivot de référence qui serait l'ECU (*european currency unit*), unité monétaire virtuelle. Un système que refuse d'intégrer James Callaghan, Premier ministre depuis avril 1976, suite à la démission inattendue d'Harold Wilson. Callaghan redoute une perte de souveraineté en matière monétaire, notamment pour dévaluer. Plus atlantiste qu'européiste, il ne se retrouve pas dans le plan Giscard d'Estaing-Schmidt et penche plutôt pour une coopération avec le FMI et la Banque mondiale. Un refus qui n'arrangera en rien la situation économique de la Grande-Bretagne, alors que du côté franco-allemand, on se félicitera bientôt de la réussite du plan. Quand le destin s'acharne…

I want my money back !

Le 3 mai 1979, Margaret Thatcher succède à James Callaghan à la tête d'un pays toujours en pleine récession. Pourtant, il y a encore peu grande partisane du projet communautaire, elle commence à afficher quelques réticences vis-à-vis de la CEE. Plus précisément, c'est le mode de financement de la PAC qui lui pose problème. Un système selon elle « injuste » pour les Britanniques, et pour lesquels elle entend bien avoir gain de cause. Le 30 novembre 1979, lors de son premier grand rendez-vous européen à Dublin, elle fait part de sa volonté de placer les autres membres face à leur responsabilité et d'obtenir ce qu'elle appelle un « juste retour » financier, soit le remboursement des deux-tiers de la contribution britannique au budget européen, la part qui, en somme, est reversée directement pour la PAC. « I want my money back » (« Je veux que l'on me rende mon argent »), dit-elle à la sortie du sommet à un journaliste du *Guardian*, comme pour montrer à l'Europe tout entière sa détermination à défendre l'intérêt de son pays avant tout. C'est le début de cinq longues années de discussions difficiles pour la CEE. Cinq années durant lesquelles on tentera de trouver un terrain d'entente avec la Grande-Bretagne, lui soumettant des compromis toujours balayés d'un revers de main par celle que l'on nommera bientôt « la Dame de fer ». Une véritable crise paralyse la Communauté. En 1982, Thatcher décide d'opposer son veto à l'application des prix agricoles. La situation reste intenable jusqu'en 1984, lorsque Helmut Kohl et François Mitterrand réussissent à sortir de l'impasse, au moment du Conseil européen de Fontainebleau, les 25 et 26 juin. Au terme d'intenses tractations, dans une ambiance incertaine jusqu'à la dernière minute, Margaret Thatcher acceptera l'accord proposé, le désormais fameux « rabais » annuel de plusieurs milliards de livres, financé par le reste de la Communauté. Son ancien ministre des Affaires étrangères Charles Powell relate : « À chaque réunion européenne, elle prenait la parole pour dire "Je veux que l'on me rende mon argent !". Elle le faisait pendant les réunions, elle le faisait pendant les dîners, elle le faisait pendant les déjeuners. Elle rendait ses collègues européens complètement fous. Je crois qu'au bout du compte, le président Mitterrand a compris que la demande britannique était assez légitime et que l'Europe ne progresserait jamais tant que la question ne serait pas résolue. »[63] Même si la dispute durait depuis cinq ans, « [Mitterrand] a pris une décision politique fondamentale qui était de trouver une solution pendant la présidence française de l'Europe. […] Les difficultés restaient considérables. Il a fallu renvoyer les dossiers vers les ministres des Affaires étrangères et leurs experts. La discussion a duré toute la nuit. Lorsque nous nous sommes retrouvés le lendemain matin, il était évident que les propositions françaises avaient changé la donne. Quand les chefs de gouvernements se sont réunis, les derniers différends ont été réglés en une heure. Et ils lui ont proposé un remboursement de 60% sur les contributions budgétaires britanniques. [Margaret Thatcher] a dit : "Non, non, il me faut 66%". »[64] Dès lors, et à quelques heures de la fin du sommet et de la présidence française, Kohl et Mitterrand s'isolent puis ressortent en disant : « Il faut accorder à Mrs Thatcher son pourcentage supplémentaire. »[65]

---

[63] Jourdaa (Frédérique), Barbéris (Patrick), réal. *Mitterrand et le Monde* [documentaire]. ARTE France, Arcapix, 2011. 90 min.
[64] *Ibid.*
[65] *Ibid.*

©Plantu (28 juin 1984)

C'est là toute la caractéristique du couple Mitterrand-Kohl. Profondément européen, il a la conviction que l'Europe peut être un acteur important sur la scène mondiale. Face aux demandes du Royaume-Uni, il avait fallu trouver une solution afin de débloquer la situation et ainsi permettre à la construction européenne de reprendre sa marche en avant. À l'été 1984, c'est enfin chose faite. Et avec l'accord du chancelier fédéral allemand, l'ancien ministre de l'Économie et des Finances de François Mitterrand, Jacques Delors, est nommé président de la Commission européenne le 6 janvier 1985. Une arrivée qui ne plaît pas à Margaret Thatcher, qui trouve le projet porté par le Français des plus problématiques.

Non à l'Europe de Jacques Delors

En 1986, avec l'Espagne et le Portugal, l'Europe est désormais composée de douze membres. De nouveau en développement, la Communauté signe l'Acte unique européen qui prévoit un espace sans frontières intérieures pour les marchandises, les personnes, les services et les capitaux, et un renforcement des pouvoirs du Parlement européen. Une évolution positive pour le Royaume-Uni, mais qui va trouver ses limites quant à la question de la création d'une monnaie unique, alors grand objectif européen du deuxième mandat de François Mitterrand, porté « à bout de bras » par Jacques Delors. Le 20 septembre 1988, Margaret Thatcher est invitée à Bruges, en Belgique, à l'ouverture de la 39e année universitaire du Collège d'Europe. Conviée à s'exprimer sur le projet européen, l'occasion est alors trop belle pour ne pas marquer les esprits :

« […] Vous m'avez invitée à parler de la Grande-Bretagne et de l'Europe. Je devrais peut-être vous féliciter de votre courage. Si vous croyez certaines choses qu'on raconte ou qu'on écrit au sujet de mon opinion sur l'Europe, c'est presque inviter Gengis Khan à parler des vertus de la coexistence pacifique ! Je voudrais commencer par détruire quelques mythes concernant mon pays et ses relations avec l'Europe. Pour ce faire, j'évoquerai son identité proprement dite. L'Europe n'est pas l'œuvre du Traité de Rome. Et l'idée européenne n'est pas non plus la propriété d'un groupe ou d'une institution. Nous, Britanniques, sommes tout autant porteurs de l'héritage culturel européen que toute autre nation. Nos liens avec le reste de l'Europe, avec le Continent, ont été le facteur dominant de notre histoire. […] Nous,

Britanniques, avons apporté un concours particulier à l'Europe. Car, au cours des siècles, nous avons combattu et nous sommes morts pour sa liberté, nous avons lutté pour empêcher que l'Europe ne tombe sous la domination d'une seule puissance. A quelques kilomètres seulement d'ici, reposent les corps de 60 000 soldats britanniques tués pendant la Première Guerre mondiale. Sans leur empressement à accepter de se battre et de mourir, l'Europe aurait été unifiée depuis longtemps, mais ni dans la liberté ni dans la justice. C'est l'aide britannique aux mouvements de résistance pendant la dernière guerre qui maintint la flamme de la liberté dans tant de pays jusqu'au jour de la Libération. […] La Communauté européenne est une manifestation de notre sentiment d'appartenance à l'Europe. Mais ce n'est pas la seule. Nous ne devons jamais oublier l'existence, à l'est du rideau de fer, de peuples qui partageaient autrefois les valeurs de culture, de liberté et d'identité européenne et qui ont été coupés de leurs racines. Nous considérerons toujours Varsovie, Prague et Budapest comme de grandes villes européennes. Nous ne devons pas oublier non plus que ce sont les valeurs européennes qui ont fait des États-Unis d'Amérique le fervent défenseur de la liberté qu'ils sont aujourd'hui. […] Il ne s'agit pas ici d'une chronique aride de faits historiques obscurs. Il s'agit de près de deux mille ans de participation et de contribution de la Grande-Bretagne à l'Europe, une contribution qui est aujourd'hui plus forte que jamais. Oui, nous nous sommes également tournés vers de plus vastes horizons, comme d'autres, et heureusement car grâce à cela, l'Europe n'est jamais devenue, et ne deviendra jamais un club étroit d'esprit, replié sur lui-même. La Communauté européenne appartient à tous ses membres, et doit pleinement refléter les traditions et aspirations de chacun. Je tiens à préciser que la Grande-Bretagne ne songe nullement à une autre formule que la Communauté européenne, à une existence douillette et isolée, en marge. Notre destin est en Europe, car nous sommes membres de la Communauté. Cela ne signifie pas qu'il se limite à l'Europe, pas plus que celui de la Grande-Bretagne, de l'Espagne, et de tous les autres États membres. La Communauté n'est pas une fin en soi. Ce n'est pas un gadget institutionnel, destiné à être constamment remanié selon les préceptes d'une quelconque théorie abstraite. Il ne faut pas non plus qu'elle soit pétrifiée par des règlements infinis. Elle est l'outil qui permettra à l'Europe d'assurer la prospérité future et la sécurité de son peuple, dans un monde peuplé d'autres puissances – nations ou groupes. Nous, Européens, ne pouvons pas nous permettre de gaspiller notre énergie dans des querelles internes ou dans d'obscurs débats institutionnels. Rien ne peut remplacer l'action concrète. L'Europe doit être prête, non seulement à contribuer pleinement à sa propre sécurité, mais aussi à rivaliser – à rivaliser dans un monde où réussissent les pays qui encouragent l'initiative individuelle et l'entreprise, et non ceux qui cherchent à les entraver[66]».

Le ton peut paraître d'emblée critique, mais le propos est très construit. Margaret Thatcher a bien une vision de l'Europe. Son pays fait partie de l'Europe politique, une Europe très différente de celle développée par le couple franco-allemand. Une Europe des États souverains, sans contrôle du Parlement européen, sans centralisme ni perte de souveraineté monétaire. Une Europe des entreprises, efficace, ouverte sur le monde, à l'image de la City.

---

[66] Thatcher (Margareth). [Discours de Margareth Thatcher (Bruges, 20 septembre 1988)]. [En ligne]. Consulté le 11 janvier 2016. Disponible sur http://www.margaretthatcher.org/document/107332.
© Margareth Thatcher Foundation.

Jacques Delors, lui, rêve d'une Europe fédérale et d'une union monétaire, à laquelle le Royaume-Uni n'adhère pas. Aussi prend-elle un soin particulier à assurer les onze membres qu'il ne sera jamais question, sous sa gouvernance, de brandir la menace d'une sortie de la CEE, marquant par là, également, une rupture avec ses prédécesseurs du *Labour Party*. Non, ce qu'elle souhaite, c'est continuer de participer à l'aventure communautaire, évoluer en son sein, contribuer pleinement à son développement en tant que membre actif, en réformant.

Face aux enjeux européens et internationaux, Margaret Thatcher se veut aussi modernisatrice et propose trois axes majeurs de développement. Ainsi, la Communauté doit évoluer vers une « méthode coopérative », devenir « l'outil de la création du Marché commun », et pratiquer une politique « internationaliste » :

« [...] une coopération volontaire et active entre États souverains indépendants est le meilleur moyen de construire une Communauté européenne réussie. Il serait hautement préjudiciable de tenter de supprimer la nationalité et de concentrer le pouvoir au centre d'un conglomérat européen ; en outre cela compromettrait les objectifs que nous poursuivons. L'Europe sera plus forte si elle compte précisément en son sein la France en tant que France, l'Espagne en tant qu'Espagne, la Grande-Bretagne en tant que Grande-Bretagne, chacune avec ses coutumes, traditions et particularités. Ce serait de la folie que d'essayer de les faire entrer dans une sorte de portrait-robot européen. [...] Je suis la première à dire que les pays d'Europe devraient parler d'une seule voix sur de nombreuses grandes questions. Je voudrais nous voir coopérer plus étroitement dans les domaines où nous pouvons faire mieux ensemble que seuls. L'Europe est alors plus forte, qu'il s'agisse de commerce, de défense ou de nos relations avec le reste du monde. Mais coopérer plus étroitement n'exige pas que le pouvoir soit centralisé à Bruxelles, ni que les décisions soient prises par une bureaucratie en place par voie de nomination. Au moment précis où des pays comme l'Union soviétique, qui ont essayé de tout diriger de manière centralisatrice, prennent conscience que le succès provient de la dispersion du pouvoir et de la décentralisation des décisions, il est paradoxal que certains pays de la Communauté semblent vouloir aller dans le sens opposé. Si nous avons réussi à faire reculer chez nous les frontières de l'État, ce n'est pas pour les voir réimposées au niveau européen, avec un super-État européen exerçant à partir de Bruxelles une domination nouvelle. Nous voulons assurément voir une Europe plus unie, avec une plus grande détermination. Mais il faut que ce nouvel état de choses se fasse en préservant les différentes traditions, les pouvoirs parlementaires et les sentiments de fierté nationale, car tel a été au cours des siècles le nerf de l'Europe[67]».

Pour Margaret Thatcher, l'Europe est à la croisée des chemins et doit savoir répondre présent face aux grands enjeux de son époque. Il faut donc s'engager dans une coopération certes étroite entre les Douze, avec un Marché commun profitable à tous ; mais une coopération entre des États restés indépendants. Ainsi faut-il moderniser une

---

[67] Documents d'actualité internationale. dir. de publ. Ministère des Affaires étrangères. 01.11.1988, n° 21. Paris: La Documentation française. "Discours prononcée par Mme Margaret Thatcher, Premier ministre, à l'ouverture de la 39e année universitaire du Collège de Bruges (Bruges, 20 septembre 1988)", p. 418-421.
Disponible sur le site
www.cvce.eu :
http://www.cvce.eu/content/publication/2002/9/18/5ef06e79-081e-4eab-8e80-d449f314cae5/publishable_fr.pdf.

communauté où le libre-échange est roi, avec des États libres d'agir, mais certainement pas s'engager dans l'union économique et monétaire voulue par Jacques Delors et la Commission européenne, avec sa monnaie unique contrôlée par la Banque centrale européenne :

« […] les politiques communautaires doivent s'attaquer aux problèmes actuels d'une manière pratique, aussi difficile que cela puisse être. Si nous ne parvenons pas à réformer les politiques communes qui sont manifestement mauvaises ou inefficaces et qui inquiètent à juste titre l'opinion, nous n'obtiendrons pas le soutien du public pour le développement futur de la Communauté. […] Il faut du courage politique pour s'attaquer à ces problèmes. Si ce courage fait défaut, cela ne peut que faire du tort à la Communauté, aux yeux de ses propres habitants et du monde extérieur. […] Les éléments de base existent : le Traité de Rome était conçu comme une charte de la liberté économique. Mais ce n'est pas toujours ainsi qu'il a été interprété et encore moins mis en pratique. La leçon de l'histoire économique de l'Europe des années 1970 et 1980 est que la planification centrale ne marche pas, contrairement à l'effort et à l'initiative personnels. Qu'une économie dirigée par l'État est une recette de croissance lente, et que la libre entreprise dans le cadre du droit donne de meilleurs résultats. L'objectif d'une Europe ouverte à l'entreprise est la force motrice de la création du Marché unique européen d'ici à 1992. C'est en nous débarrassant des barrières et en donnant aux entreprises la possibilité d'opérer à l'échelle européenne que nous pourrons le mieux concurrencer les États-Unis, le Japon et les autres puissances économiques qui naissent en Asie et ailleurs. Cela signifie agir pour libérer les marchés, élargir les choix, réduire l'intervention gouvernementale et donc entraîner une plus grande convergence économique. Notre objectif ne doit pas être de fabriquer à partir du centre des règlements toujours plus nombreux et détaillés ; il doit être de déréglementer, d'éliminer les contraintes commerciales, de nous ouvrir. La Grande-Bretagne a montré l'exemple en ouvrant ses marchés aux autres. La Cité de Londres accueille depuis longtemps les institutions financières du monde entier. Voilà pourquoi c'est le plus grand centre financier d'Europe, et celui qui a le mieux réussi. Nous avons ouvert notre marché des télécommunications, introduit la concurrence entre les services et jusque dans le réseau lui-même ; ce sont des mesures que les autres pays d'Europe commencent seulement à envisager. En matière de transports aériens, nous avons montré l'exemple avec la libéralisation, et nous avons pu en voir les avantages avec des tarifs moins élevés et un choix élargi. Notre navigation commerciale côtière est ouverte aux marines marchandes européennes. J'aimerais bien pouvoir en dire autant de certains autres pays membres. Prenons les questions monétaires. La question clé n'est pas de savoir s'il doit y avoir une Banque centrale européenne. Les conditions requises immédiates et pratiques sont : - appliquer l'engagement de la Communauté envers la libre circulation des capitaux – nous le faisons – et envers l'abolition du contrôle des changes – c'est fait en Grande-Bretagne depuis 1979 – afin que chacun puisse investir où cela lui convient ; - établir un marché réellement libre des services financiers en matière de banque, d'assurance et d'investissement ; - faire un usage plus répandu de l'écu. La Grande-Bretagne va émettre cet automne des bons du Trésor en écus, et elle espère voir d'autres gouvernements de la Communauté faire de même. Il s'agit de véritables conditions requises car c'est ce dont les milieux d'affaires de la Communauté ont besoin pour pouvoir effectivement concurrencer le reste du monde. Et c'est ce que le consommateur européen veut, car cela lui permettra d'étendre son choix et de vivre à moindre coût. C'est sur de telles mesures concrètes fondamentales que la Communauté doit porter son attention. Lorsqu'elles auront été réalisées et maintenues pendant une certaine période, nous serons en meilleure position pour juger de la marche à suivre ensuite. Il en va de même avec les frontières entre nos pays. Il est évident que nous devons faciliter le passage des marchandises aux frontières. Il est évident aussi que nous devons faciliter les déplacements de nos ressortissants à l'intérieur de la Communauté. Mais nous ne pouvons pas totalement abolir les contrôles aux frontières si nous voulons protéger nos citoyens contre la criminalité et empêcher la circulation de la drogue, des terroristes et des immigrants clandestins. C'est une simple question de bon sens. [...] Avant de quitter le sujet du Marché unique, je voudrais souligner que nous n'avons pas besoin de nouveaux règlements qui augmentent le coût de la main-d'œuvre et qui rendent le marché européen du travail moins souple et moins concurrentiel face aux fournisseurs étrangers. Si nous voulons avoir un statut européen des sociétés, il faut qu'il comporte un minimum de règlements. En Grande-Bretagne, nous nous opposerons assurément à toute tentative d'introduction du corporatisme au niveau européen – quoique ce que chacun veut faire dans son propre pays ne concerne que lui[68] ».

Ici, il est bien entendu fait référence au protectionnisme français et européen ainsi qu'à la Politique agricole commune, système décrit par Thatcher comme archaïque, manifestement mauvais et inefficace, nécessitant des réformes importantes et courageuses. En d'autres termes, le « courage politique » auquel il est fait allusion est l'application d'un libéralisme économique, à l'image de

---

[68] *Ibid.*

celui anglo-saxon, surtout « si l'Europe veut prospérer et créer les emplois de l'avenir ». En parlant de libre circulation des capitaux, de libre prestation des services bancaires, financiers, d'assurance et d'investissement, d'abolition du contrôle des changes et d'utilisation plus importante de l'ECU, le Premier ministre britannique veut par là remplacer l'union douanière d'origine par une zone de libre-échange sans frontières européennes, de plus en plus large, ouverte à l'international et libérale comme le prévoit le GATT (*General Agreement on Tariffs and Trades*, en français Accord général sur les tarifs douaniers et le commerce, signé en 1947). Cette ambition va constituer son troisième axe de développement : l'Europe doit adopter une politique internationaliste, à la fois dans le domaine économique et dans celui de la défense.

« Ma quatrième idée-force est que l'Europe ne doit pas être protectionniste. L'expansion de l'économie mondiale exige que nous poursuivions le processus d'élimination des barrières commerciales et ceci dans le cadre des négociations multilatérales du GATT. Ce serait une trahison si, tout en réduisant les contraintes commerciales en vue du Marché unique, la Communauté érigeait une plus grande protection externe. Nous devons tout faire pour que notre approche du commerce mondial soit compatible avec la libéralisation que nous préconisons chez nous. Nous avons la responsabilité de montrer le chemin en ce domaine, responsabilité qui est tout particulièrement dirigée vers les pays les moins développés. Ceux-ci n'ont pas seulement besoin d'aide. Il leur faut surtout de meilleures perspectives commerciales pour accéder à la dignité de l'indépendance économique et de la puissance[69] ».

---

[69] *Ibid.*

À cet internationalisme économique, il faudrait ajouter celui militaire. Margaret Thatcher termine ainsi son discours en soulignant l'importance de la défense européenne commune. Point important, celle-ci ne devrait pas chercher à se substituer à l'OTAN mais plutôt à se développer – avec le concours de chaque pays membre de la Communauté – et à poursuivre les efforts auprès de l'Alliance et des États-Unis d'Amérique, garants de la sécurité collective :

« [...] L'Europe doit continuer de maintenir une défense sûre par l'intermédiaire de l'OTAN. Il ne peut être question de relâcher son effort, même si cela implique des décisions difficiles et un coût élevé. Nous sommes reconnaissants à l'OTAN d'avoir maintenu la paix depuis quarante ans. Le fait est que les choses vont bien dans le sens que nous voulions : le modèle démocratique d'une société de libre entreprise a fait la preuve de sa supériorité ; la liberté a pris l'offensive, une offensive pacifique, dans le monde entier pour la première fois de son existence. Nous devons faire notre possible pour maintenir l'engagement des États-Unis envers la défense de l'Europe. Cela signifie reconnaître la charge que représente pour eux le rôle mondial qu'ils assument, de même que leur point de vue sur le rôle des Alliés dans la défense de la liberté, particulièrement au moment où l'Europe devient plus riche. Ils se tournent de plus en plus vers l'Europe pour qu'elle ait sa part dans la défense des régions hors zone, ainsi que nous l'avons fait récemment dans le Golfe. L'OTAN et l'UEO [Union de l'Europe occidentale] savent depuis longtemps où se trouvent les problèmes sur cette question et ont défini des solutions. Le moment est venu de prouver le bien-fondé de nos déclarations sur la nécessité de faire un effort en matière de défense et de mieux utiliser nos moyens. Ce n'est pas un problème institutionnel. Il ne s'agit pas de rédiger des rapports, mais de quelque chose de beaucoup plus simple et plus profond. C'est une question de volonté et de courage politique, de conviction aussi : nous ne pouvons pas compter éternellement sur les autres pour notre défense, et chaque membre de l'Alliance doit assumer une part équitable de la charge. Nous devons conserver le soutien du public pour la dissuasion nucléaire en nous rappelant que des armes désuètes ne dissuadent pas, d'où la nécessité de moderniser. Nous devons satisfaire aux exigences d'une défense conventionnelle efficace en Europe face aux forces soviétiques qui sont continuellement modernisées. Nous devons développer l'UEO, non pas comme solution de rechange à l'OTAN, mais comme moyen de renforcer la contribution de l'Europe à la défense commune de l'Ouest. A un moment de changement et d'incertitude en Union soviétique et en Europe de l'Est, il est surtout indispensable de préserver l'unité et la résolution européenne, afin que notre défense soit assurée quoi qu'il arrive. Nous devons entreprendre en même temps des négociations sur le contrôle des armements et maintenir la porte de la coopération grande ouverte sur toutes les autres questions couvertes par les accords d'Helsinki. Mais notre mode de vie, nos conceptions de l'avenir et tout ce que nous espérons réaliser sont assurés non pas par la justesse de notre cause mais par la force de notre armée. Sur ce plan, nous ne pouvons jamais faiblir ni faillir.

Il ne suffit pas de parler en termes généraux d'une vision ou d'un idéal européen. Quand on est convaincu, il faut tracer la voie à suivre. C'est cela que j'ai essayé de faire ce soir.

Cette approche n'exige pas de nouveaux documents. Ils sont tous là : le Traité de l'Atlantique nord, le Traité de Bruxelles révisé et le Traité de Rome, des textes rédigés par des hommes perspicaces, dont parmi eux un Belge remarquable : Paul-Henri Spaak. Ce qu'il faut maintenant, c'est prendre des décisions concernant les prochaines étapes, et non nous laisser distraire par des objectifs utopiques. Aussi loin que nous voulions aller, le fait est qu'on ne peut y arriver qu'en faisant un seul pas à la fois. Assurons-nous donc que ces pas soient les bons. Que l'Europe soit une famille de nations, se comprenant mieux et s'appréciant mieux les unes les autres, faisant davantage ensemble mais ne savourant pas moins ses identités nationales que son entreprise européenne commune. Ayons donc une Europe qui joue tout son rôle dans le monde, qui se tourne vers l'extérieur non vers l'intérieur, et qui préserve cette Communauté atlantique – cette Europe de part et d'autre de l'Atlantique – qui est notre premier héritage et notre plus grande force[70]».

Ce discours fera perdre à Thatcher la confiance des europhiles en Grande-Bretagne, en plus d'être très critiquée par les autres responsables politiques européens, tous unanimement derrière Jacques Delors et son projet. La Grande-Bretagne s'isole, de plus en plus.

---

[70] *Ibid.*

© Plantu (5 décembre 1987)

Décembre 1987, conseil européen de Copenhague, les questions budgétaires sont toujours au centre des préoccupations pour le Premier ministre conservateur britannique, ce qui a le don d'exaspérer ses homologues européens.

A droite, nous reconnaissons François Mitterrand qui semble se rendre compte que la cohabitation forcée avec son nouveau Premier ministre Jacques Chirac sera « finalement » et contre toute attente beaucoup plus simple que celle avec la Dame de fer.

No ! No ! No !

En 1989, la communauté poursuit son développement, sous l'œil de Jacques Delors dont le rapport sur l'union économique et monétaire dans la Communauté européenne, présenté le 12 avril, sème définitivement la discorde avec Margaret Thatcher. En juin de l'année précédente, le Conseil européen de Hanovre avait en effet entériné l'objectif d'arriver à terme, et de façon progressive, à la mise en application de l'union économique et monétaire, tout en chargeant un comité – le comité Delors – d'en définir les grandes étapes. Dix mois plus tard, le plan Delors sera rendu public. Libéralisation totale de la circulation des capitaux, création d'un système monétaire européen avec la monnaie unique où le taux de change n'est plus encadré mais fixe, interdiction pour les banques nationales de prêter aux États et indépendance de la Banque centrale européenne, tels sont les grands objectifs annoncés de ce que la Dame de fer nommera plus tard, dans ses mémoires, un « socialisme delorsien » (ou *Delorsian Socialism*), voué à s'étendre sur tout le continent[71]. Pour le Premier ministre britannique, le danger de voir s'affirmer un véritable exécutif européen ainsi qu'un Parlement au pouvoir élargi est désormais bien réel, chose qu'elle juge inacceptable et dénonce de façon virulente devant la Chambre des communes, le 30 octobre 1990 : « Le président de la Commission, M. Delors, a dit lors d'une conférence de presse l'autre jour qu'il voulait que le Parlement européen soit le corps démocratique de la Communauté, que la Commission en soit l'exécutif et que

---

[71] Margaret Thatcher utilise le terme de « Delorsian Socialism » dans son autobiographie intitulée *The Downing Street Years*.
Thatcher (Margaret), *The Downing Street Years*. London, Harper Collins Publishers, 1993, 914 p.

le Conseil des ministres soit le Sénat. Non ! Non ! Non ! […]. Cette sorte d'Europe avec une banque centrale n'est pas démocratique, elle prend le pouvoir de chaque parlement, et avoir une seule monnaie unique, une seule politique monétaire et de taux d'intérêt nous prendrait tout le pouvoir politique. »[72]

L'opposition entre les deux va devenir systématique, et les relations exécrables vont définitivement faire passer Thatcher dans le camp des eurosceptiques, tout comme une majorité de l'opinion publique, chauffée à blanc par les tabloïds qui insultent Delors : « Va te faire voir Delors », pouvait-on lire le 1er novembre 1990 en première page du *Sun*, le tabloïd sous-titrant que les lecteurs avaient « hâte de dire à l'idiot Delors où il [pouvait] se mettre son ECU »[73]. Au sein du parti conservateur tout comme de la majorité gouvernementale, c'est la division qui règne. Depuis Bruges, beaucoup craignent un isolement du pays. Ne voulant pas participer à ce que l'on pressent comme un massacre, le vice-Premier ministre George Howe démissionne : « […] Nous devons être impliqués de manière positive et nous placer au centre même de ce débat plutôt que d'être détachés de façon craintive et négative. […] Bien entendu, comme je l'ai dit dans ma lettre de démission, aucun d'entre nous ne veut que lui soit imposée une monnaie unique. Mais ce n'est en aucun cas le risque réel. Les onze autres ne peuvent pas imposer leur solution au douzième pays contre sa volonté, mais ils peuvent faire les choses sans nous. Le risque n'est pas l'imposition mais l'isolement. La vraie menace est celle d'en arriver à ne pas avoir voix au chapitre sur les

---

[72] "Thatcher: "No! No! No!"", You Tube video, 09:57, posted by "You Tube",
21, september,2007,
https://www.youtube.com/watch?v=U2f8nYMCO2I.
[73] *The Sun*, 1er novembre 1990, "Up Yours, Delors".

arrangements monétaires que le reste de l'Europe choisit pour elle, avec la Grande-Bretagne luttant une nouvelle fois pour rejoindre le club plus tard, après que les règles ont été établies et que le pouvoir a été réparti entre les autres à notre désavantage. Ce serait la pire issue possible. [...] L'attitude du Premier ministre vis-à-vis de l'Europe fait de plus en plus courir de sérieux risques pour le futur de notre nation. Elle risque de minimiser notre influence et de maximiser nos chances d'être une nouvelle fois exclus. »[74]

Ce qui s'apparente à une attaque frontale contre la chef du gouvernement fait imploser le parti. Trois semaines plus tard, face à l'opposition de certains cadres, Margaret Thatcher démissionne et laisse les clefs du *10 Downing Street* à John Major. L'Europe de Maastricht n'est alors plus très loin.

---

[74] "Geoffrey Home *New* Resignation Statement, House of Commons, 13XI90", You Tube video, 19:09, posted by "You Tube", 17 october, 2015, https://www.youtube.com/watch?v=Abl0O48tGBQ&feature=youtu.be
.

Troisième partie

L'EUROPE DES CRISES

Maastricht

En cette fin d'année 1990, Margaret Thatcher laisse derrière elle un parti conservateur aux prises avec ses querelles internes sur le plan européen. Un énorme chantier est laissé à John Major, qui quitte là le ministère des Finances pour prendre la tête d'un gouvernement en pleine déliquescence. Conscient de cela, le nouveau Premier ministre affiche, dès le départ, un désir d'unité et de rassemblement autour de la question européenne, pas uniquement au sein de sa majorité, mais dans le pays tout entier. Car, il en est persuadé, à quelques mois du vote sur Maastricht, c'est là l'intérêt de la Grande-Bretagne d'adopter une attitude plus diplomatique, plus cordiale – ou moins obstructionniste – vis-à-vis des autres membres de la CEE. Bien entendu, il ne s'agit pas non plus de s'entendre sur une participation des Britanniques dans la prochaine union économique et monétaire, mais plutôt de trouver un accord entre un pays qui préfère rester à l'écart du projet et le reste de la Communauté que l'on ne veut toutefois pas freiner. À cet égard, la politique européenne du Royaume-Uni serait désormais pleine de bonne volonté, pour peu que l'on ne s'attaque pas à sa souveraineté, ni à ses intérêts.

Ainsi le nouveau chef de gouvernement va-t-il s'assurer qu'une majorité l'accompagnera à chaque grande étape des discussions sur le traité. En novembre 1991, avant de partir pour Maastricht, il soumet un premier vote à son cabinet, puis à la Chambre des communes. L'objectif est clair : définir, ensemble, la conduite à tenir face au projet Delors, afin d'éviter d'éventuelles dissensions qui paralyseraient une nouvelle fois le paysage politique. Pour Londres, adopter une monnaie unique et obéir à la Banque centrale européenne est toujours hors de question. La grande majorité du parti conservateur est derrière son Premier ministre, tout comme l'opinion publique. Confiant, John Major part plaider la cause nationale devant les autres pays qui comprennent que pour éviter tout blocage des négociations, il est préférable de s'accorder sur une clause d'exemption, le fameux *opt-out*, et de donner la possibilité à la Grande-Bretagne de ne pas participer à la future union économique et monétaire, sans que cela n'affecte son statut de membre à part entière. À son retour des Pays-Bas, le leader conservateur présente aux députés les conditions qu'il a obtenues. Ces derniers approuvent. En décembre 1991, un accord est conclu, avec un deuxième *opt-out* sur la politique sociale. La signature intervient le 7 février 1992, pour une entrée en vigueur arrêtée au 1er novembre 1993. La CEE a évolué et devient maintenant l'Union européenne (UE).

En Europe, certaines dents grincent quant au comportement des Anglais qui se désolidarisent une fois de plus du reste de l'Union et qui, de ce fait, créent une Europe « à la carte ». Mais, du côté d'Helmut Kohl et François Mitterrand, on voit cela sous un tout autre angle. Malgré la défection britannique, la Communauté a poursuivi sa marche en avant. Et tant pis pour le Royaume-Uni qui se retrouve esseulé, même s'il dit se réserver la possibilité de rejoindre ultérieurement le processus d'union économique. Pour le chapitre sur l'Europe sociale, en revanche, la décision semble ferme. À Londres, on ne veut pas d'une ingérence bruxelloise dans les affaires sociales – aussi minime soit-elle –, de peur que celle-ci n'affecte la compétitivité internationale du pays et ne soit dévastatrice pour l'emploi.

Ni eurosceptique, ni europhile, mais modéré, John Major réalise une véritable prouesse, eu égard à l'ère Thatcher qui n'est pas si lointaine. En l'espace de quelques mois, le nouveau Premier ministre a réussi à cohabiter, bon gré mal gré, et surtout sans histoire, avec les onze autres partenaires européens, tout en rassurant le pays et son gouvernement. C'est du moins ce qui se passera lors de son premier mandat. Car à peine aura-t-il entamé le second qu'il sera confronté à un mouvement anti-fédéral réclamant une sortie de Maastricht. À la tête de ce groupe que l'on nommera bientôt les *Maastricht rebels*, nous retrouvons Margaret Thatcher, mais également trois autres figures eurosceptiques importantes : Peter Lilley, Michael Portillo et Michael Howard. Ces « rebelles de Maastricht » mèneront la vie dure au locataire du *10 Downing Street* en votant contre les amendements au traité, ou en s'abstenant, à partir de mai 1992. Il sera réélu avec une courte majorité, ce qui aura pour effet de le fragiliser, de plus en plus.

En dépit d'un climat de plus en plus austère à Londres, John Major reste plein de bonne volonté, mais toujours dans la limite de ce que le Royaume-Uni est prêt à accorder. Mais, en septembre 1992, certains faits viennent donner raison aux eurosceptiques. Ainsi, deux ans après avoir pris la décision de rejoindre le SME alors qu'il était en charge de l'Échiquier, Major se retire du système. En cause, le comportement allemand vis-à-vis de la situation anglaise. Après le résultat négatif du référendum sur Maastricht au Danemark, en juin, suivi par l'opposition à la ratification du traité en France, des spéculations boursières avaient mis sous pression la livre sterling, entraînant sa forte dévaluation. Bien qu'intenable, la situation n'avait pas fait réagir l'Allemagne d'Helmut Kohl, alors que le chancelier fédéral allait bientôt aider le franc et François Mitterrand par le biais de la Bundesbank. « À présent, j'ai vu l'Union à l'œuvre de l'intérieur. L'expérience est désolante », constate, amer, le Premier ministre[75]. Dès lors, les rapports entre Londres et Bruxelles vont se dégrader, et l'accalmie qui prévalait jusqu'ici ne sera plus vraiment d'actualité. Le scepticisme et la défiance vis-à-vis de l'Europe vont évoluer et se renforcer, jusqu'à créer une opposition manifeste.

Un premier épisode notable se passe le 24 juin 1994, lorsque le gouvernement britannique oppose son veto à la nomination du Premier ministre belge Jean-Luc Dehaene en tant que successeur de Jacques Delors à la tête de la Commission. Jugé trop fédéraliste, Dehaene est également, aux yeux de John Major, le candidat désigné du couple Kohl-Mitterrand. Raison de plus pour afficher une extrême fermeté face à ce qu'il appelle désormais le « diktat » franco-allemand. « Je me disais que si maintenant ils arrivaient à placer leur homme à la présidence de la Commission européenne, ce n'était même plus la peine que nous autres nous rendions aux sommets. Je savais pertinemment ce qu'il me restait à faire. »[76] Helmut Kohl et François Mitterrand doivent s'y résoudre ; en utilisant leur droit de veto, les Britanniques ont contrecarré leur plan, et c'est Jacques Santer, Premier ministre du Luxembourg, qui sera finalement choisi.

Un autre épisode sera celui de la crise de la vache folle en 1996 et de l'embargo sur le bœuf britannique imposé par la Commission européenne et son Comité vétérinaire permanent. Regrettant le fait que les mesures prises par le gouvernement ne conviennent toujours pas pour lever les mesures sanitaires à l'encontre du pays, le Premier ministre brandit la menace d'une campagne d'obstruction dans les affaires qui le lient à l'Union : « Je dois informer la Chambre [des communes] que, faute d'une avancée vers une levée de l'embargo, il ne faut pas s'attendre à ce que

---

[75] Major (John), *The Autobiography*, London: Harper Collins, 1999, pp. 579-582.
[76] *Ibid.*, p. 594.

nous continuions à coopérer normalement sur d'autres sujets communautaires. Je dis cela avec beaucoup de regret, mais l'Union européenne fonctionne sur la bonne volonté. Si nous ne bénéficions pas de la bonne volonté de nos partenaires, il est clair que nous ne pouvons en faire preuve non plus. »[77] Une menace qui ne dissuadera toutefois pas les partenaires européens. Alors que l'embargo ne sera levé qu'en 1999, soit trois ans plus tard, la France, elle, fera jouer le « principe de précaution » jusqu'en 2002.

À la fin de son second mandat, en mai 1997, John Major doit se résoudre à faire ce constat : sa politique européenne n'a pas amélioré les choses, c'est même un échec. En mai 1997, c'est un parti toujours aussi divisé sur la question européenne qui se présente aux élections générales. Déçus, certains anti-européens du parti conservateur commencent même à se tourner vers Alan Sked et le UKIP (*United Kingdom Independence Party*), parti nationaliste et anti-européen qui émerge doucement, mais sûrement. Ce même parti qui, vingt ans plus tard, avec Nigel Farage comme leader, parviendra à aller au bout de son combat et à convaincre une majorité de Britanniques de voter pour le Brexit.

---

[77] John Major, déclaration à la Chambre des communes, le 21 mai 1996, cité dans Tournier-Sol (Karine), « John Major et l'Europe, ou l'enjeu européen au service de l'intérêt partisan », *Observatoire de la société britannique*, 7 | 2009, 85-99.

© Plantu (12 décembre 1991)

Du projet « ambitieux » à « la dispute »

Le 1er mai 1997, c'est le retour de la gauche au pouvoir, après 18 ans de conservatisme. Sous l'égide de Tony Blair, le *New Labour* enregistre une victoire historique, avec 418 sièges de députés (43,2% des voix). Pour John Major, au contraire, c'est une véritable déroute, avec seulement 165 sièges (30, 7% des votes). Même si la défaite était prévisible, l'ampleur de celle-ci, elle, ne l'était pas. Assumant l'échec, Major démissionne de la tête du parti.

Fidèle à son attitude depuis 1994 lorsqu'il était membre de l'opposition, Tony Blair montre dès le départ sa préoccupation de voir le pays devenir l'un des acteurs importants de l'UE. En rupture totale avec ses prédécesseurs travaillistes, il l'est également avec le désormais ex-Premier ministre, tant son cabinet et son parti semblent sur la même longueur d'onde. « Faible ! Faible ! Faible ! » avait-il d'ailleurs apostrophé John Major, lors d'un débat aux Communes le 30 janvier 1997, le regardant droit dans les yeux en lui reprochant son manque de « *leadership* » et le grand « désordre » dont il était seul responsable[78]. Dorénavant, la Grande-Bretagne avancera unie, à l'image de son gouvernement et derrière le nouveau Premier ministre qui se donne pour mission d'en « terminer avec l'europhobie »[79].

---

[78] "Tony Blair vs. John Major – "Weak! Weak! Weak!"", You Tube video, 06:06, posted by "UKWestminsterNews", 12 avril, 2011, https://www.youtube.com/watch?v=AZUMEgHmCY8.

[79] Blair (Tony), discours, « The new challenge for Europe », 20 mai 1999, cité dans Tournier-Sol, « Identité britannique et identité européenne dans la politique du New Labour », *Observatoire de la société britannique* [en ligne], 5 | 2008, mis en ligne le 1er février 2011, consulté le 12 mai 2016. URL : http://osb.revues.org/709 ; DOI : 10.4000/osb.709.

Et c'est sur la sensible question de la monnaie unique que Tony Blair s'engage dès ses premiers discours. Ainsi fait-il part de sa volonté de s'en remettre au peuple en organisant un référendum sur l'euro dans les années qui suivront sa mise en place. Des déclarations d'intention notamment confirmées par Robin Cook, ministre des Affaires étrangères, et Gordon Brown, chancelier de l'Échiquier, même si l'avis de celui-ci se montrera finalement plus que mitigé par la suite. Mais le principal est là. La Grande-Bretagne, qui pratiquait il y a peu encore une politique d'obstruction, montre désormais des signes encourageants d'intégration. Une bonne chose pour le nouveau couple franco-allemand Jacques Chirac-Gerhard Schröder.

Après la signature du traité d'Amsterdam le 2 octobre 1997, qui renforce la Politique étrangère et de sécurité commune (PESC), Tony Blair lève la deuxième clause d'exemption obtenue par John Major à Maastricht et signe son chapitre social du traité. Les 3 et 4 décembre 1998, à Saint-Malo, est signé un accord avec le président français pour la création d'une force militaire européenne de défense indépendante de l'OTAN et des États-Unis. En 2000, c'est au tour de la Convention européenne des droits de l'homme d'être signée. L'« ambivalence » vis-à-vis de l'Europe, telle que nommée par Blair, n'a plus le droit de cité, et les citoyens britanniques vont pouvoir se sentir, chaque jour un peu plus, véritables citoyens européens.

Mais, une fois n'est pas coutume, le vent va tourner après 2000, avec l'apparition des premiers couacs. L'entente encore (re)naissante va de nouveau se fragiliser. Une première fois à la fin de l'année 2002, à propos du budget européen et de la PAC, puis quelques mois plus tard, en 2003, après la décision du Premier ministre d'intervenir en Irak, en soutien à George W. Bush.

Le 25 octobre 2002, à Bruxelles, une série d'entretiens particulièrement âpres a lieu entre les deux chefs d'État français et britannique lors des négociations sur le budget européen. Souhaitant revoir à la baisse le rabais britannique – malgré le fait que la PAC ne représente alors plus que 40% des dépenses, contre 70% vingt ans plus tôt –, Jacques Chirac se heurte à un Tony Blair inflexible, obstiné, presque méconnaissable, plongeant le Conseil dans une impasse diplomatique :

« Jacques Chirac fait de grands gestes, semble presque sur le point de vouloir pousser son interlocuteur. "Vous avez été bien mal élevé. On ne m'a jamais parlé comme ça !", lui lance-t-il comme s'il rabrouait un élève. "J'ai noté ce que vous avez dit, Jacques. J'ai un point de vue différent", répond Tony Blair, visiblement surpris. Le chef de l'État ne s'en tient pas là et annonce, à titre de représailles, le report du sommet franco-britannique prévu au Touquet. [...] À trois reprises en séance, Tony Blair a tenté de s'opposer à un accord conclu la veille par Jacques Chirac et Gerhard Schröder sur le maintien des aides à l'agriculture dans une Europe élargie. Il a même accusé le président français d'affamer les pays pauvres. "Il s'est livré à une véritable guérilla. Son attitude était déplaisante", raconte un bon connaisseur du dossier. »[80]

À Londres, les tabloïds trouvent tout de suite les termes adéquats pour décrire l'ambiance glaciale entre les deux hommes. « *The row* » (la « dispute ») promet un retour à des rapports difficiles, ce qui ne sera bientôt pas pour

---

[80] Boltanski (Christophe), Soulé (Véronique), « Jacques et Tony, histoire secrète d'un couple tumultueux », Liberation.fr, 5 avril 2004. [Article consulté le 10 février 2016], http://www.liberation.fr/evenement/2004/04/05/jacques-et-tony-histoire-secrete-d-un-couple-tumultueux_475064.

déplaire à la fois du côté des conservateurs et de leur nouveau leader, Iain Duncan Smith, et surtout du côté du UKIP et de Nigel Farage, qui commence à avoir le vent en poupe et qui sera sous les feux de la rampe lors des élections européennes de 2004.

Mais, c'est l'intervention en Irak aux côtés des États-Unis et sans l'accord de l'ONU qui va définitivement compliquer les choses. « Comment pourras-tu plus tard regarder Léo [le fils de Tony Blair] dans les yeux si tu deviens celui qui a aidé à déclencher la guerre ? », demande alors Jacques Chirac à un Premier ministre que l'on surnomme d'ailleurs maintenant le « télégraphe » de Washington[81]. Pour le président français, le doute existe quant aux réelles intentions des États-Unis. Et le risque d'un chaos irakien, après avoir renversé le *Raïs,* est dangereusement probable. Le 30 janvier 2003, l'Union européenne se divise sur la question. L'Espagne, l'Italie, le Portugal, la Pologne, la Hongrie, la République-tchèque et le Danemark appellent à se ranger derrière la Grande-Bretagne. Au total, ce sont huit États européens qui prennent position pour la politique américaine et se tiennent par voie de conséquence contre le Parlement européen à Bruxelles, et contre l'Assemblée parlementaire du Conseil de l'Europe à Strasbourg. Le tandem Schröder-Chirac déclare que les violations de la résolution 1441 de l'ONU ne justifient pas le lancement d'une action militaire unilatérale et demande que le travail des inspecteurs en Irak soit prolongé. Pour Paris et Berlin, il faut résoudre le problème de façon pacifique, et dans le cadre d'une position commune européenne. Blair fait fi de tout et déclare aux Communes et à l'opinion de fausses vérités sur les armes de destruction massive irakiennes[82]. Malgré tous ses efforts, le Premier ministre ne réussira à

---

[81] *Ibid.*

[82] Voir le rapport Chilcot sur l'Irak, 2016.

convaincre que quatre voix sur 15 au Conseil de sécurité. Le 10 mars 2002, Jacques Chirac annonce de façon solennelle que « quelles que soient les circonstances, la France votera non »[83]. Des mots repris en boucle par les dirigeants du *New Labour,* qui omettent volontairement le reste de la phrase : « Parce qu'elle considère ce soir qu'il n'y a pas lieu de faire la guerre pour atteindre l'objectif que nous [les membres du Conseil de sécurité de l'ONU] nous sommes fixé, c'est-à-dire le désarmement de l'Irak. »[84] La manipulation de l'opinion publique peut continuer. À la Chambre des communes, dans les tabloïds, on dénonce l'irresponsabilité du président français. Le *Sun* fait même publier une édition spéciale du journal – environ deux mille exemplaires – aux Parisiens, avec en une la tête du président au bout d'un ver de terre surgissant du centre du pays. « Votre président est devenu la honte de l'Europe » ; « son attitude est d'autant plus hypocrite que tout le monde sait qu'au bout du compte, Chirac apportera son soutien à l'ONU, aux États-Unis et à la Grande-Bretagne. Les citoyens du Royaume-Uni estiment que M. Chirac, qui au Royaume-Uni est surnommé le "Ver", se pavane avec arrogance sur la scène internationale avec pour seul objectif de donner à son pays une importance démesurée par rapport à la réalité. » « Nous, Britanniques, pensons que vous, Français, avez oublié ce que vous devez aux nations qui sont venues à votre secours lors des deux guerres mondiales. »[85] Le *Daily Mail*, lui, fait le procès de celui qu'il nomme le « maquereau à Saddam », qui « non seulement a du sang sur les mains, mais devrait avoir les menottes aux poignets

[83] "Chirac says no to any second resolution authorizing war", You Tube video, 02:01, posted by "AP Archive", 4 août, 2015, https://www.youtube.com/watch?v=7R9Q9yopHAU.
[84] *Ibid.*
[85] *The Sun*, 20 février 2003.

pour ses fraudes »[86]. Dans un climat antifrançais, Tony Blair obtient le soutien des députés. Le 20 mars 2003, l'opération *Irak Freedom* est lancée par George W. Bush, sans l'accord du Conseil de sécurité. Depuis 1963, jamais les rapports entre les deux pays n'ont été aussi mauvais. Tony Blair en gardera d'ailleurs une certaine rancœur jusqu'à la fin de son mandat, comme en 2004, lorsqu'il s'opposera à la candidature du Belge Guy Verhofstadt à la succession de l'Italien Romano Prodi à la présidence de la Commission européenne. Un candidat soutenu officiellement par Chirac et Schröder, et qui s'était surtout prononcé contre l'intervention militaire en Irak. Suite à l'utilisation de son droit de veto, c'est le Portugais José Manuel Barroso qui prendra la tête de la Commission.

Le 27 juin 2007, Tony Blair démissionne, et Gordon Brown lui succède. En charge d'un portefeuille aux Finances pendant dix ans, c'est maintenant à lui de prendre la tête du pays, à l'aube d'une crise économique et financière européenne et mondiale sans précédent.

---

[86] Strong (James), *Public Opinion, Legitimacy and Tony Blair's War in Iraq*. London: Taylor & Francis, 2017, p. 152.

L'immobilisme dans la crise

Contrairement à son prédécesseur, Gordon Brown est un eurosceptique refoulé qui, après dix ans à l'Échiquier, a eu le temps de se faire une bonne idée quant à l'Europe de Maastricht. Si Tony Blair a longtemps souhaité en finir avec l'europhobie et faire de la Grande-Bretagne l'un des États membres les plus actifs aux côtés de la France et de l'Allemagne, il est clair que pour Gordon Brown – et les circonstances ne lui laisseront de toute façon pas d'autre choix –, l'intérêt est tout autre. En effet, et même s'il déclare, en février 2008, que « l'UE est essentielle pour le succès de la Grande-Bretagne, et [qu'] une Grande-Bretagne totalement engagée en Europe est indispensable au succès de l'UE »[87], le nouveau Premier ministre a déjà eu l'occasion de lui reprocher ce qu'il décrit comme une incapacité d'adaptation face aux défis de la mondialisation, ainsi qu'un immobilisme institutionnel qui l'empêche d'entreprendre de véritables réformes de fond. C'est cet immobilisme qui va contribuer à l'éloigner de l'Europe. D'autant plus que les conséquences de la crise des *subprimes* ne tarderont pas à se faire sentir à l'échelle mondiale et révéleront une communauté européenne particulièrement incapable de coordonner les politiques de ses membres, même en cas d'extrême nécessité. En réponse immédiate à la crise, ce n'est donc pas un seul et unique plan de relance qui va voir le jour au sein de l'UE, mais plusieurs, échafaudés dans des cadres strictement nationaux, sans réelle concertation, aux quatre coins du

---

[87] Brown (Gordon), déclaration, cité dans Vanlerberghe (Cyrille), article, *Le Monde*, 27 mars 2008, « Gordon Brown devient pro-européen par nécessité ».

continent. Chose regrettable pour Gordon Brown, qui aurait espéré une véritable unité d'action.

Face à la forte récession qui sévit dans son propre pays, le chef de gouvernement travailliste doit trouver une solution rapide : il met en place un plan de sauvetage bancaire de 500 milliards de livres sterling, s'inspirant par là du plan Paulson adopté par le Congrès américain quelque temps plus tôt. Saluée de façon unanime par ses homologues de l'UE, la réaction de Gordon Brown sert bientôt d'exemple à la Banque centrale européenne (BCE) qui injecte, dès la première semaine du mois de septembre, près de 125 milliards d'euros pour éviter l'implosion du système bancaire. À cette mesure d'urgence, et parce que cette dernière ne suffira pas à réduire la dette, Londres ajoutera, quelques mois plus tard, toute une série de nouvelles mesures comme le gel des salaires pour les hauts fonctionnaires et les professions libérales, l'augmentation des impôts pour les hauts revenus, ou l'augmentation de la TVA et des cotisations sociales. Mais la crise se révélera tout de même plus forte, marquant par là la fin du gouvernement Brown. Le 11 mai 2010, ce sera le grand retour du parti conservateur au pouvoir, avec à sa tête un certain David Cameron.

D'une crise à une autre

Membre influent de l'opposition lors des dernières années, David Cameron s'était montré, de façon somme toute logique, très critique vis-à-vis non seulement des gouvernements précédents, mais aussi de l'Union européenne. À maintes reprises, il aura réclamé un changement de politique communautaire, sans pour autant clamer la nécessité d'une sortie de l'UE.

Arrivé au pouvoir avec seulement 306 sièges sur les 326 nécessaires pour avoir la majorité absolue, David Cameron forme un premier gouvernement d'alliance avec Nick Clegg, leader des libéraux-démocrates (ou *Lib dems*). Et, comme ce fut le cas pour son prédécesseur, le premier chantier sur lequel le nouveau Premier ministre doit se pencher est la crise que subit le Royaume-Uni, avec un déficit de 186 milliards d'euros. C'est ainsi que Cameron engage le pays dans une forte politique de désendettement. Restrictions budgétaires dans la fonction publique, annulation ou suspension de certains projets décidés sous l'ère Brown, augmentation des impôts, hausse de la TVA de 2,5 points, toutes ces mesures dites « de rigueur »[88] auront d'autant plus de mal à passer auprès de l'opinion publique après l'effort dérisoire concédé par les ministres *tories* qui accepteront de baisser leur salaire de 5%[89]. Aussi indécentes que puissent paraître certaines de ces

[88] Fr.euronews.com, « Le "conservatisme compassionnel" de David Cameron », 24 avril 2015. [Article consulté le 15 mars 2016], http://fr.euronews.com/2015/04/24/le-conservatisme-compassionnel-de-david-cameron/.

[89] *Libération*, « Royaume-Uni : premier conseil des ministres pour le tandem Cameron-Clegg », 13 mai 2010. [Article consulté le 16 mars 2016], http://www.liberation.fr/planete/2010/05/13/royaume-uni-premier-conseil-des-ministres-pour-le-tandem-cameron-clegg_625963.

mesures, l'essentiel est ailleurs pour David Cameron, qui se félicitera bientôt d'avoir ramené le pays à un PIB supérieur à celui d'avant-crise, avec une baisse de plus de 3% du taux de chômage[90].

Du côté de l'Union européenne, on s'active enfin à trouver des solutions pour contrer les effets de la crise, mais également pour éviter que de tels événements ne se reproduisent à l'avenir. De manière toute particulière, on s'attache désormais à mettre au point des mesures qui visent à renforcer la discipline commune. En ce sens, le 9 décembre 2011, le couple franco-allemand, représenté par Angela Merkel et Nicolas Sarkozy, présente le Pacte budgétaire européen à ses homologues de l'UE. Ce pacte a pour objectif de mettre en place une « règle d'or » budgétaire au sein de la communauté, que chacun des États membres se devra de respecter en présentant un budget équilibré à la Commission européenne, avec un seuil de déficit ne devant pas dépasser 0,5% du PIB. Soumis à vérification par la Cour de justice européenne, les pays qui n'auront pu respecter ce principe se verront appliquer un « mécanisme de correction », alors déclenché de manière automatique avec obligation de prendre rapidement des mesures importantes. D'autres sanctions seront également infligées aux moins bons élèves avec un seuil de déficit supérieur à 3%[91]. Pour David Cameron, il est hors de question que l'UE s'immisce dans les affaires du pays et vienne superviser Londres et la City. De ce fait,

---

[90] Horny (Gérard), « L'économie britannique va bien, mais Cameron n'en profite pas. Où est l'erreur ? », 4 mai 2015. [Article consulté le 13 mars 2016]. http://www.slate.fr/story/101125/elections-britanniques-economie-cameron.

[91] LeMonde.fr, « UE : 25 pays signent le pacte budgétaire, les finances publiques déjà en difficulté », 2 mars 2012. [Article consulté le 16 mars 2016], http://www.lemonde.fr/economie/article/2012/03/02/ue-25-pays-signent-le-pacte-budgetaire_1650915_3234.html.

il décide d'utiliser son droit de veto et décline l'offre, ce qui a le don d'irriter Angela Merkel et Nicolas Sarkozy. Pourtant, le couple franco-allemand aura tout tenté, jusqu'à convier Cameron à une réunion à trois qui débouchera sur des discussions très vives. Mais pour Londres, la seule façon d'obtenir sa signature serait de rajouter au traité un *opt-out* qui exonérerait la Grande-Bretagne de certaines réglementations des services financiers. Impensable pour Merkel et Sarkozy. Ce dernier se montre d'ailleurs particulièrement amer au moment de rendre compte de la situation aux journalistes du monde entier : « Nous aurions préféré un accord à 27, cela n'a pas été possible compte tenu de la position de nos amis britanniques qui ont posé des demandes inacceptables par tous les autres pays. »[92] « Il s'agit d'une décision difficile, mais bonne », se félicite quant à lui David Cameron[93]. Une fois de plus, ce qui s'apparentait à une évolution de l'Europe vers une réelle union politique se fera sans la Grande-Bretagne. Et une nouvelle fois, les tensions se font sentir entre les deux camps, particulièrement avec le président français qui a du mal à cacher son agacement. Une image d'ailleurs suscite le débat outre-Manche et fait le tour de l'Europe. Celle d'un Nicolas Sarkozy ignorant la main tendue du Premier ministre britannique lors du sommet à Bruxelles, juste après les négociations[94]. Un

[92] Visot (Marie), « Seule la Grande-Bretagne boude l'accord européen », 9 décembre 2011. [Article consulté le 16 mars 2017], http://www.lefigaro.fr/conjoncture/2011/12/09/04016-20111209ARTFIG00336-un-accord-a-ete-conclu-par-23-pays-europeens.php.

[93] *Ibid.*

[94] The Telegraph.co.uk, « Did Nicolas Sarkozy snub David Cameron's handshake at EU treaty summit? », 9 décembre 2011.
[Article consulté le 16 mars 2017],

moment qui, nous l'imaginons aisément, a fait les choux gras de la presse tabloïd.

Quelques mois plus tard, une nouvelle opposition verra le jour entre Londres et le Parlement européen. Ce dernier souhaite en effet revoir à la hausse le budget prévisionnel européen pour la période 2014-2020. Pour faire face à la crise – et notamment développer l'emploi, la recherche et le développement, aider les pays les plus pauvres de l'Union –, Strasbourg aimerait soumettre aux États membres une augmentation de 5% de leur engagement financier, par rapport au budget précédent, soit 1 025 milliards d'euros au total. Pour David Cameron, l'austérité et l'endettement public ne sont pas la solution. En prévision du sommet européen prévu en novembre 2012, il déclare : « Je pense que ce serait scandaleux de voir de larges augmentations du budget européen alors qu'ici nous devons réduire notre propre budget. »[95] Mais, le Premier ministre ne s'arrête pas là et suggère même fortement l'idée d'une réduction significative du budget annuel de l'UE de 147 milliards d'euros. Sur ce point, certains États membres le suivent, dont l'Allemagne et les Pays-Bas. Ce n'est pas le cas des pays d'Europe de l'Est et du Sud, bénéficiaires d'aides, ni de la France pour laquelle une réduction budgétaire se reporterait sur la PAC. Dès lors, faute d'accord entre les 27, des négociations s'engagent.

---

http://www.telegraph.co.uk/news/worldnews/nicolas-sarkozy/8946443/Did-Nicolas-Sarkozy-snub-David-Camerons-handshake-at-EU-treaty-summit.html.

[95] Cameron (David), déclaration, cité dans Hennessy (Patrick), d'Ancone (Matthew), "David Cameron: Conservatives will never vacate the centre ground", 6 October 2012.
[Article consulté le 17 mars 2016],
http://www.telegraph.co.uk/news/politics/david-cameron/9591872/David-Cameron-Conservatives-will-never-vacate-the-centre-ground.html.

Neuf mois de pourparlers plus tard, un compromis est trouvé. Le budget total est fixé à 959,9 milliards d'euros pour la période 2014-2020, soit 35 milliards d'euros de baisse par rapport à la période 2007-2013. Le budget est adopté le 19 novembre 2013[96]. C'est une victoire pour David Cameron, saluée par tout le pays – y compris par l'opposition travailliste d'Ed Miliband – ainsi que par certains de ses partenaires européens. Mais la joie sera de courte durée quand, le 17 octobre 2014, soit à peine un an plus tard, la Commission européenne annoncera sa décision de réévaluer la contribution financière des États membres au budget.

Revue chaque année en fonction de la richesse de chaque pays – en termes économiques, on parle alors de revenu national brut, ou RNB –, la contribution financière des États était auparavant calculée selon des critères bien précis. Pour résumer, le RNB était la somme du PIB, à laquelle s'ajoutaient les salaires et rémunérations nets reçus de l'étranger, « les revenus nets de la propriété provenant de l'étranger plus les impôts et subventions nets reçus de l'étranger »[97]. Or, en septembre 2014, le Système européen des comptes (SEC), suivant les recommandations de l'institut de statistiques européennes Eurostat, avait établi de nouvelles normes de calcul et demandé officiellement aux 27 d'intégrer les activités illégales créatrices de richesses dans leurs statistiques, considérant donc le trafic de drogue et la prostitution comme des « transactions commerciales menées d'un commun accord ». Suivant ce nouveau calcul, le

[96] Steck (Philippe), Tourniaire (Audrey), Minonzio (Jérôme), « Budget de l'Union européenne 2014-2020 : sortie de crise ? », *Informations sociales* 6/2013 (n°180), p. 113-121.
URL www.cairn.info/revue-informations-sociales-2013-6-page-113.htm.

[97] OCDE (2017). Revenu national brut (RNB) (indicateur). Doi: 10.1787/03690453-fr. (Consulté le 29 juin 2017).

Royaume-Uni a ainsi vu sa richesse nationale augmenter de presque 11 milliards d'euros, entraînant par conséquent une réévaluation à la hausse de sa contribution au budget. 2,1 milliards d'euros complémentaires sont ainsi réclamés par l'UE à David Cameron, avec le 1er décembre 2014 comme date limite de paiement. « […] c'est une manière inacceptable de traiter l'un des plus gros contributeurs de l'Union européenne. Nous ne paierons pas ce chèque le 1er décembre », réagit, en colère, le Premier ministre britannique[98]. D'autant plus que l'on apprendra bientôt que grâce à cette réforme, le couple franco-allemand bénéficierait d'une réduction assez conséquente de sa contribution au budget. Mais, du côté de Bruxelles, la menace anglaise n'a pas lieu d'être puisque le ministre des Finances, George Osborne, avait été averti dès le mois de mai. Au Royaume-Uni, les réactions ne se font pas attendre. Osborne réfute les propos de l'UE et affirme n'avoir été prévenu que le mardi précédant la déclaration. Pour Nigel Farage, c'est une fois de plus la preuve que la Commission est un « vampire assoiffé du sang des contribuables britanniques »[99]. Dans l'obligation de s'acquitter de cette « addition », la seule solution pour le Premier ministre est alors de demander un délai. Ce que Bruxelles lui accorde en novembre 2014, vu « le caractère

---

[98] Bernard (Philippe), Ducourtieux (Cécile), « Londres joue la colère contre le budget européen », 25 octobre 2014. [Article consulté le 16 mars 2016], http://www.lemonde.fr/acces-restreint/europe/article/2014/10/25/6d6a639867666ec59569616369996b_4512416_3214.html.

[99] LeMonde.fr, « UE : 25 pays signent le pacte budgétaire, les finances publiques déjà en difficulté », 2 mars 2012. [Article consulté le 16 mars 2016], http://www.lemonde.fr/economie/article/2012/03/02/ue-25-pays-signent-le-pacte-budgetaire_1650915_3234.html.

exceptionnel de la situation »[100], avec un règlement en deux fois, à partir de la deuxième moitié de l'année 2015.

À un peu plus de six mois des élections générales, David Cameron apparaît quelque peu affaibli par ses mésaventures européennes. Confronté à une montée de plus en plus forte de l'opinion eurosceptique – la victoire de Nigel Farage et du UKIP lors des élections européennes de mai 2014, avec 26,6% des voix, l'ayant confirmée –, le Premier ministre sait que la victoire lors du scrutin se jouera en grande partie sur sa capacité à pouvoir s'affirmer face au couple franco-allemand. Ainsi promet-il qu'une fois réélu, il exigera des réformes de fond de la part de l'UE et soumettra l'avenir européen du pays à la décision du peuple lors d'un référendum. Le 7 mai 2015, l'écrasante et inattendue victoire sur tous ses rivaux le confirme à la tête du pays. En Europe, la perspective d'un « Brexit » est presque impensable. C'est sous-évaluer le mouvement eurosceptique.

---

[100] LeParisien.fr, « UE : David Cameron obtient un délai pour payer la rallonge budgétaire », 7 novembre 2014. [Article consulté le 25 mars 2016], http://www.leparisien.fr/international/ue-david-cameron-obtient-un-delai-pour-payer-la-rallonge-budgetaire-07-11-2014-4273831.php.

Le Rubik's Cube – ou casse-tête – européen, vu par Niels Bo Bojesen (*Jyllands-Posten*).

© Niels Bo Bojesen · www.bojesen.eu

BREXIT !

« Comme la plupart des Britanniques, j'approche cette question dans un état d'esprit pratique, pas affectif, avec ma tête et avec mon cœur. Je sais que certains de nos partenaires européens risquent de trouver cela décevant de la part du Royaume-Uni mais c'est ce que nous sommes. C'est ainsi que nous avons toujours été en tant que nation : nous sommes rigoureusement pratiques, nous sommes obstinément terre-à-terre, nous démystifions par nature, nous voyons l'Union européenne comme un moyen d'arriver à ses fins, pas à une fin en soi[101] ».

Une chose est sûre, en ce 10 novembre 2015, le Premier ministre tout juste réélu campe parfaitement – mais faussement – le rôle pour lequel ses électeurs ont décidé de le reconduire. Déclarant agir dans un intérêt strictement national, David Cameron fait part de la nécessité urgente de réformes dans quatre axes majeurs : la gouvernance économique, avec la garantie d'une égalité de décision sur les questions de marché intérieur entre tous les membres de l'UE, qu'ils fassent partie, ou non, de la zone euro ; la compétitivité, avec une réglementation européenne beaucoup moins restrictive sur les accords internationaux de libre-échange avec les autres grandes puissances que sont les États-Unis, la Chine et le Japon ; la souveraineté nationale, avec l'instauration d'un système de « carton rouge » et le renforcement des pouvoirs des différents parlements nationaux, qui auraient dorénavant la possibilité de former des coalitions – nécessitant une majorité de 15 pays sur 28 – et ainsi de bloquer certaines

101 "Prime Minister's speech on UE reform at Chatham House", You Tube video, 43:49, posted by "You Tube", November 10, 2015, https://www.youtube.com/watch?v=w6wCRAXZogI.

décisions législatives de la Commission européenne jugées problématiques ; et enfin l'immigration, avec d'une part une réduction de celle-ci grâce à de meilleurs contrôles des flux – avec le déclenchement du fameux « frein d'urgence » ou *emergency brake* –, et d'autre part l'instauration d'une période de quatre années probatoires pendant laquelle tout immigré européen ne pourrait pas être éligible aux prestations sociales du pays. Concrètement, et outre le fait que Londres exige que ces mesures soient définitives et inscrites dans les traités, David Cameron souhaite insuffler un vent nouveau à l'Europe, plus anglo-saxon, et donc plus libéral. « Hélas ! De Gaulle avait raison »…

L'ultimatum aux 27 est lancé, et si le Royaume-Uni ne trouve pas son compte à l'issue des négociations, son Premier ministre militera pour une sortie de l'UE. Une éventualité qu'il ne souhaite absolument pas, mais qu'il a pourtant utilisée pour se faire réélire. Car oui, à l'image de 1975 et du référendum convoqué par Harold Wilson, l'attitude « sécessionniste » de David Cameron est un véritable coup de bluff électoraliste. Confiant, il sait que ses demandes seront en partie satisfaites. Très vite, les déclarations d'Angela Merkel devant le Bundestag vont dans ce sens : « Tout comme David Cameron, je considère aussi comme nécessaire que nous, au sein de l'UE, en fassions plus sur la compétitivité, la transparence et la bureaucratie. » Ajoutant que « de nombreux points sont justifiés et compréhensibles », y compris sur les prestations sociales des immigrants intra-européens, la chancelière allemande montre alors toute la bonne volonté de la communauté à tout faire pour garder l'un de ses membres les plus importants[102].

---

[102] LePoint.fr, « Brexit : le soutien d'Angela Merkel à David Cameron », 17 février 2016. [Article consulté le 16 mars 2016],

Le 19 février 2016, comme David Cameron l'avait sans doute prévu, un préaccord est conclu avec Bruxelles. Pour le Premier ministre, bien que « des progrès restent à faire », il a réussi à obtenir ce qu'il considère comme une liste « complète » de « réformes qui lient juridiquement et de façon irréversible les institutions européennes », un « paquet de mesures puissant et vigoureux », y compris sur l'immigration. Conformément à ses promesses de campagne, il convoque alors un référendum, et annonce son intention de voter pour le « REMAIN ». Mais en Grande-Bretagne, on est loin d'afficher ce même contentement. L'opinion eurosceptique est toujours aussi présente, et le nombre d'indécis sur la question de l'utilité de l'avenir européen du pays est en constante augmentation. Ainsi, dans un sondage *Sky News Poll*, 69% des Britanniques disent désapprouver le projet d'accord sur le point d'être officialisé, contre 31% qui le pensent « bon »[103]. Les tabloïds, eux, restent fidèles à eux-mêmes et s'en donnent à cœur joie. Et c'est peu dire que dans la presse, l'on atteindra très rapidement le point Godwin[104]. Ainsi, voter pour rester au sein de l'UE reviendrait à capituler devant ce qui est apparenté à l'Allemagne nazie.

---

http://www.lepoint.fr/monde/brexit-le-soutien-d-angela-merkel-a-david-cameron-17-02-2016-2019133_24.php.

[103] SkyNews.com, "Poll: two-thirds Say EU Proposals a Bad Deal", 3 février 2016. [Article consulté le 18 mars 2017], http://news.sky.com/story/poll-two-thirds-say-eu-proposals-a-bad-deal-10154285.

[104] Le point Godwin, ou quand les mots faisant référence à Adolf Hitler, au nazisme ou à la Shoah surgissent subitement, sans aucun lien avec une conversation ou un débat alors en cours. C'est généralement le cas lorsque les esprits s'échauffent pendant une discussion qui voit une personne – généralement à court d'arguments – utiliser ce genre de référence pour faire perdre le fil de ses idées à son interlocuteur et ainsi tenter de le discréditer : « Plus une discussion dure longtemps, plus la probabilité d'y trouver une comparaison avec les nazis ou Adolf Hitler s'approche de 1 ».

« Qui va parler au nom de l'Angleterre ? » demande le *Daily Mail*. Le titre fait explicitement référence au débat à la Chambre des communes du 2 septembre 1939, alors que le Premier ministre Neville Chamberlain tardait à réagir après l'invasion de la Pologne par l'armée du Troisième Reich. Alors qu'Arthur Greenwood, chef de file du *Labour,* s'apprête à prendre la parole, celui-ci est interpellé par Leo Amery, un député conservateur fervent opposant à la politique de conciliation : « Parlez au nom de l'Angleterre, Arthur ! » Greenwood s'exécute et dénonce sans ambages la politique trop apathique du Premier ministre. Couvert d'applaudissements, ce moment aux Communes est depuis devenu historique. « Comme en 1939, nous sommes à la croisée des chemins de l'histoire, déclare le tabloïd de droite [...] Nos libertés, sécurité et prospérité vont-elles être mieux assurées en nous soumettant à la bureaucratie étatiste et non élue de Bruxelles ? » Si le pays reste au sein de l'UE, « les MPs [membres du Parlement] qui ont ovationné Arthur Greenwood quand il a parlé au nom de l'Angleterre en 1939 se retourneront dans leurs tombes »[105]. Autre journal, même contexte : « De qui vous moquez-vous, Mr Cameron ? », lance le *Sun*, en première page duquel on voit une carte de la Grande-Bretagne assaillie de grosses flèches représentant les vagues de migrants européens que le Premier ministre serait incapable de stopper[106]. La couverture fait référence à la chanson de *Dad's army*, une célèbre série télévisée de la BBC des années 1970. Dans cette comédie, de vieux Anglais tentent de défendre leur pays contre les nazis. La référence à la chanson initialement intitulée *De qui croyez-vous vous moquer, Mr Hitler ?* est lourde de sens, assimilant l'Union européenne aux envahisseurs nazis.

---

[105] *The Daily Mail*, 4 février 2016.

[106] *The Sun*, 3 février 2016.

Du côté de Londres, la majorité des représentants politiques souhaite une issue positive au référendum. « Cela donnera cette chance au peuple britannique de voter pour une Europe réformée ou pour l'incertitude de la quitter. » Cette déclaration du travailliste Pat McFadden – qui n'est ni plus ni moins une mise en garde à l'encontre des Britanniques – résume bien l'état d'esprit général. Assurément, on sait ce que l'on quitte, jamais ce que l'on trouve. Pourtant, « l'incertitude » dont parle McFadden ne semble pas perturber la partie sceptique de plus en plus importante de l'échiquier politique, bien au contraire. Lors des dernières années, le mouvement s'est révélé, principalement sous l'impulsion de Nigel Farage dont les attaques verbales au Parlement européen ont trouvé un formidable écho. Mais, cela n'aurait bien évidemment pas pu être possible sans l'attitude à proprement parler de Bruxelles, finalement conforme à ce que les tabloïds n'ont eu de cesse de dénoncer ces dernières années. Immobilisme face à la crise, mésentente sur la question de l'accueil des réfugiés, rassemblement de technocrates et d'affairistes complètement déconnectés des réalités et de surcroît mêlés pour certains d'entre eux à des affaires crapuleuses, on peut comprendre le désamour dont souffre l'Europe institutionnelle ; un désamour auquel elle contribue inlassablement, à l'image de nos classes politiques nationales. L'affaire Luxleaks en est le plus bel exemple. En novembre 2014, Jean-Claude Juncker, président de la Commission européenne, est accusé d'avoir facilité l'évasion fiscale de plusieurs centaines de grandes multinationales comme Apple, Pepsi, Ikea ou Amazon, alors qu'il était Premier ministre du Luxembourg. Grâce à son action, ces grands groupes ont pu mettre sur pied un montage financier pour transférer leurs revenus au Luxembourg et ainsi échapper en totalité, ou presque, à l'imposition qui leur aurait été réclamée dans leurs pays d'installation, là où ils font leurs profits. Malgré les lourdes charges qui pèsent contre le président, le Parlement européen clôt la polémique en déclarant son soutien le plus total à un homme politique selon lui entièrement dévoué à l'Europe et digne de confiance. À l'heure où l'Union européenne demande aux pays membres de réduire leurs dettes et leurs dépenses publiques, l'expression « le loup est dans la bergerie » prend tout son sens.

Face à l'Europe dont David Cameron fait maintenant officiellement la promotion, les anti-européens et autres dissidents de gauche, de droite et du centre s'organisent et font bientôt campagne. Et c'est de la part de son propre camp que le Premier ministre va voir les premiers assauts arriver. Lors d'un débat aux Communes le 3 février 2016, un véritable lynchage est ainsi mené par 23 de ses propres parlementaires[107]. Pour Steve Baker, « il est assez spectaculaire de mettre la barre si bas et de se rendre compte qu'il manque encore quelque chose. [...] Cela a été une négociation gérée en dépit du bon sens »[108]. Pour sir William Nigel Paul Cash, le Premier ministre a créé une « rupture de confiance » avec le peuple qu'il a « trahi »[109]. « [L'UE] a plus besoin de nous que nous d'elle »[110], lance Tacob Rees-Mogg. Désavoué par un grand nombre en interne, David Cameron est conscient que son salut ne dépend que de l'issue positive du scrutin.

[107] Mirror.co.uk, "Watch David Cameron being humiliated by 23 of his own MPs over EU deal",
3 February 2016. https://www.mirror.co.uk/news/uk-news/watch-david-cameron-being-humiliated-7302331.

[108] *Ibid.*

[109] *Ibid.*

[110] *Ibid.*

© Tom Janssen

Mais les pro-Brexit prennent de l'ampleur, notamment au travers des deux organisations pluripartites que sont *Vote Leave* et *GO !* (*Grassroots Out*). Toutes deux peuvent compter sur des soutiens de poids. Ainsi, ce sont notamment cinq ministres du gouvernement qui rejoignent *Vote Leave* : le secrétaire d'État à la culture John Whittingdale, la secrétaire d'État pour l'Irlande du Nord Theresa Villiers, le leader de la Chambre des communes et lord président du Conseil Chris Grayling, la ministre d'État pour l'emploi Priti Patel et le secrétaire d'État à la justice Michael Gove. Un temps hésitant, l'ancien maire de Londres, Boris Johnson, fera finalement campagne sous cette bannière, tout comme l'ancien *Maastricht Rebel* Iain Duncan Smith, les membres travaillistes du Parlement Graham Stringer et Kelvin Hopkins, ainsi que l'ancien chancelier de l'Échiquier – et ancien europhile – sous Thatcher, lord Lawson. Fondé par les deux *tories* Peter Bone et Tom Pursglove et par la travailliste Kate Hoey, *GO !* organisera des meetings dans toutes les circonscriptions du pays. C'est au sein de ce mouvement que Nigel Farage fera campagne avec un slogan très thatchérien : « *We Want Our Country Back !* »[111] (« Nous voulons récupérer notre pays ! »).

© Plantu (23 février 2016)

Au fil des semaines et à mesure que paraissent les sondages, l'incertitude référendaire s'installe. À l'approche du vote, les déclarations se font de plus en plus nombreuses. Ainsi, les prédécesseurs de Cameron au *10 Downing Street*, Gordon Brown, Tony Blair et même John Major s'invitent dans la campagne, tout comme le FMI avec Christine Lagarde et le président des États-Unis Barack Obama. Assez discret jusqu'ici sur la question, François Hollande s'exprime lors d'un sommet franco-britannique le 3 mars 2016 à Amiens, et alerte les

---

111 "We Want our Country back!", You Tube video, 15:12, posted by "RobinHoodUKIP",
June 20, 2016,
https://www.youtube.com/watch?v=n2l56RZhsI4.

Britanniques sur ce qu'il considère comme « un enjeu » pour l'avenir de l'Europe, dont les conséquences « extrêmement graves » seraient « irréversibles »[112]. « Il y a là un risque pour le Royaume-Uni très sérieux de ne pouvoir plus accéder au marché unique et à tout ce qui fait l'Espace économique européen. Chacun doit en prendre la mesure. »[113]

Le 23 juin 2016, un véritable séisme secoue l'Europe. Près de 52% des Britanniques ont voté pour la sortie du Royaume-Uni de l'Union européenne. Pari raté pour celui que *The Economist* avait qualifié en 2013 de *gambler* (« joueur ») et représenté grimé en joueur de poker, cigare à la bouche, tatoué et grosse bague à la main, devant un verre de whisky[114]. Le choix était en effet « risqué ». À lui d'en assumer toutes les conséquences.

---

[112] LesEchos.fr, « Hollande vole au secours de Cameron dans sa campagne contre le Brexit », 3 mars 2016. [Article consulté le 17 février 2017], https://www.lesechos.fr/monde/europe/021741442763-hollande-vole-au-secours-de-cameron-dans-sa-campagne-contre-le-brexit-1204561.php.

[113] *Ibid.*

[114] The Economist.com, "Britain and Europe. The gambler", 26 January 2013.
https://www.economist.com/news/leaders/21570691-promising-referendum-europe-prime-minister-taking-punt-gambler.

Britain and the EU.

© Niels Bo Bojesen · www.bojesen.eu

ET MAINTENANT ?

Après avoir longtemps vécu « un pied dedans, un pied dehors », le Royaume-Uni a pris la décision de franchir le pas. C'est donc pour être « les deux pieds dehors » qu'une majorité de Britanniques a voté le 23 juin 2016. Historique pour certains, cette date le sera également tristement dans la carrière politique de David Cameron qui restera le Premier ministre grâce auquel le Brexit est arrivé, et contre son gré. Responsable, celui-ci annonce sa démission, et c'est Theresa May qui prendra bientôt sa succession. Pourtant, l'ancienne secrétaire d'État à l'intérieur avait soutenu David Cameron dans sa campagne pour le maintien. Eurosceptique modérée, elle arrive à la tête d'un pays désormais en proie au doute. Les 48% de personnes qui ont voté pour rester dans l'Union ne s'attendaient pas à une telle débâcle, notamment causée pour certains par le fort taux d'abstention (28%). Fatigue démocratique, désenchantement politique, désintérêt, enjeux non saisis : bien que les raisons ne manquent pas pour expliquer leur geste, beaucoup regrettent maintenant de ne pas s'être déplacés le jour du vote. Dans de nombreuses grandes villes, on fait même des pétitions demandant un nouveau référendum. Mais le résultat est là, et les premiers signes économiques ne sont guère rassurants. La livre sterling a chuté de manière préoccupante depuis le mois de juin, pour atteindre à l'automne son niveau le plus bas depuis 31 ans face au dollar et depuis cinq ans face à l'euro. Certaines entreprises annoncent même être prêtes à rejoindre l'UE dans un avenir proche, là où le commerce n'a pas de frontières et où l'on peut disposer d'une main-d'œuvre immigrée très diverse. Préoccupante, la situation le deviendra encore un peu plus quand fuiteront, dans le

Guardian, des extraits d'un discours tenu par Theresa May lors d'une conférence devant la Goldman Sachs un peu moins d'un mois avant le vote, le 26 mai 2016. La future Première ministre avait en effet mis en garde les banquiers des conséquences désastreuses qu'une sortie de l'Union européenne aurait sur le pays : « Je pense que les arguments économiques sont clairs. Je pense que faire partie d'un bloc commercial de 500 millions de personnes est important pour nous. [...] beaucoup de personnes vont investir au Royaume-Uni parce que le Royaume-Uni est en Europe. »[115] Des révélations qui feront tâche et qui ne rassureront pas. Surtout que quelques semaines plus tôt, May avait annoncé au congrès de son parti son intention de prôner un « Brexit dur ». Où le pays va-t-il ? Vers quoi se dirige-t-il ? C'est le flou total.

Pour le couple franco-allemand, le Brexit a porté un coup sérieux à l'Europe et au « processus d'unification européenne »[116]. Au lendemain du référendum, François Hollande déclare voir un immense danger « face aux extrémismes et aux populismes (...) ». Aux yeux du président français, deux chemins se dressent alors devant « cette grande idée » qu'est l'Europe : sa dilution au risque du repli, ou la « réaffirmation de son existence au prix de changements profonds ! »[117]. Ainsi faudra-t-il se montrer

---

[115] Theguardian.com, « Theresa May's private Brexit warning speech to Goldman Sachs - audio », 25 octobre 2016. [Article consulté le 26 octobre 2016], https://www.theguardian.com/politics/video/2016/oct/25/theresa-may-private-brexit-warning-speech-to-goldman-sachs-audio.

[116] LeFigaro.fr, « Brexit : pour Angela Merkel, c'est un coup porté à l'Europe », 24 juin 2016. [Article consulté le 26 juin 2016], http://www.lefigaro.fr/international/2016/06/24/01003-20160624ARTFIG00105-brexit-angela-merkel-face-a-ses-responsabilites.php.

[117] « Brexit : Discours de François Hollande sur le choix de la Grande-Bretagne », You Tube video, 05:42, posted by "Public Sénat", June 24, 2016, https://www.youtube.com/watch?v=JLg774XBZdw.

présent et donner une nouvelle impulsion au projet, en concentrant toutes ses forces sur « la sécurité, l'investissement pour la croissance et pour l'emploi, l'harmonisation fiscale et sociale ainsi que le renforcement de la zone euro et de sa gouvernance démocratique »[118]. Enfin, et en plus d'être forte sur le plan de sa reconstruction, l'Europe devra aussi se montrer intransigeante avec le Royaume-Uni, pour Angela Merkel : « Celui qui sort de la famille ne peut pas s'attendre à ce que tous ses devoirs disparaissent et que ses privilèges soient maintenus. »[119] Londres est prévenu, il n'y aura désormais plus d'Europe « à la carte ». Rien ne sera gratuit.

---

[118] *Ibid.*

[119]Challenges.fr, « Brexit : l'Europe ferme la porte aux négociations », 28 juin 2016. [Article consulté le 28 juin 2016], https://www.challenges.fr/monde/europe/brexit-le-discours-tres-ferme-de-merkel-contre-l-europe-a-la-carte_15666.

- BREXIT OR NOT BREXIT ? ET SI ... -

© Fix www.fix-dessinateur.com

Table

L'HARMATTAN ITALIA
Via Degli Artisti 15; 10124 Torino
harmattan.italia@gmail.com

L'HARMATTAN HONGRIE
Könyvesbolt ; Kossuth L. u. 14-16
1053 Budapest

L'HARMATTAN KINSHASA
185, avenue Nyangwe
Commune de Lingwala
Kinshasa, R.D. Congo
(00243) 998697603 ou (00243) 999229662

L'HARMATTAN CONGO
67, av. E. P. Lumumba
Bât. – Congo Pharmacie (Bib. Nat.)
BP2874 Brazzaville
harmattan.congo@yahoo.fr

L'HARMATTAN GUINÉE
Almamya Rue KA 028, en face
du restaurant Le Cèdre
OKB agency BP 3470 Conakry
(00224) 657 20 85 08 / 664 28 91 96
harmattanguinee@yahoo.fr

L'HARMATTAN MALI
Rue 73, Porte 536, Niamakoro,
Cité Unicef, Bamako
Tél. 00 (223) 20205724 / +(223) 76378082
poudiougopaul@yahoo.fr
pp.harmattan@gmail.com

L'HARMATTAN CAMEROUN
TSINGA/FECAFOOT
BP 11486 Yaoundé
699198028/675441949
harmattancam@yahoo.com

L'HARMATTAN CÔTE D'IVOIRE
Résidence Karl / cité des arts
Abidjan-Cocody 03 BP 1588 Abidjan 03
(00225) 05 77 87 31
etien_nda@yahoo.fr

L'HARMATTAN BURKINA
Penou Achille Some
Ouagadougou
(+226) 70 26 88 27

L'HARMATTAN SÉNÉGAL
10 VDN en face Mermoz, après le pont de Fann
BP 45034 Dakar Fann
33 825 98 58 / 33 860 9858
senharmattan@gmail.com / senlibraire@gmail.com
www.harmattansenegal.com